THÉRÈSE AUBERT.

7036

4²

71309

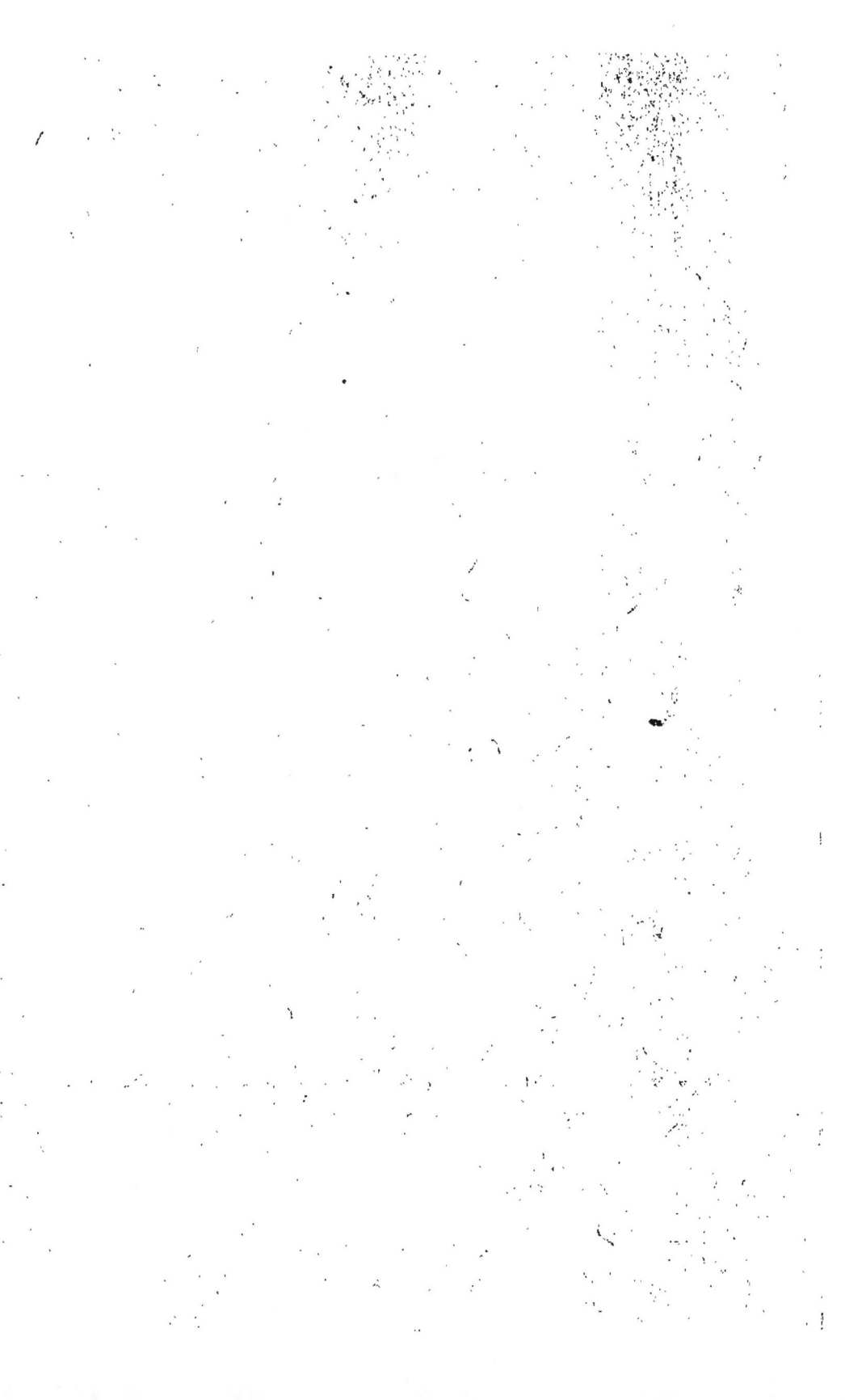

THÉRÈSE AUBERT.

7036

On trouve chez le même libraire,

De la Liberté religieuse, par M^r. A. V.
Benoît, 1 vol. in-8°. de 500 pages. Prix, 7 fr.
et 8 fr. par la poste.

Les Parvenus, par madame de Genlis.
3 vol. in-12, 10 fr.; et par la poste, 12 fr.

Sous presse pour paraître le 15 mai.

Rosalba, par l'auteur de Jean Sbogar et
de Thérèse Aubert. 2 vol. in-12. 5 fr.

Les Proverbes dramatiques de M. Gosse,
auteur du Médisant. 2 vol. in-8°. Prix de
souscription 10 fr. et 13 par la poste.

Le Recueil complet des chansons de Béranger. 3 forts vol. in-18, ornés de jolies vi-
gnettes et de plusieurs airs gravés. 6 fr. et
7 fr. par la poste.

IMPRIMERIE DE RAIN.

THÉRÈSE AUBERT.

PAR L'AUTEUR

DE JEAN SBOGAR.

DEUXIÈME ÉDITION.

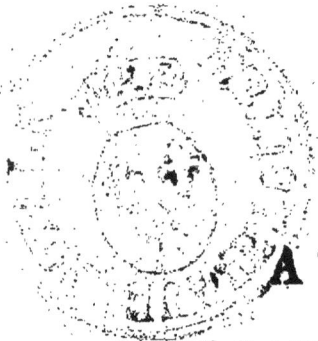

A PARIS,

CHEZ LADVOCAT, LIBRAIRE,

PALAIS-ROYAL, GALERIE DE BOIS.

1819.

AVERTISSEMENT.

LE manuscrit de cette nouvelle a
été trouvé dans une de ces maisons
qui ont servi de prisons à une cer-
taine époque, et qui ont été rendues
depuis à leur première destination.
Il avait été caché, sans autre précaution, sous une pierre du pavé, de
sorte que le temps et l'humidité en
ayant altéré plusieurs pages, il y restait des lacunes que l'éditeur a été
obligé de remplir. C'est la seule part
qu'il ait à l'ouvrage, car il n'a rien
corrigé au style dans les endroits

même où il ne fallait qu'effacer pour
le rendre meilleur. Il a cru que les
inspirations d'un jeune homme sensible et malheureux avaient un caractère qu'il n'est pas permis d'altérer,
sous prétexte qu'elles ne sont pas toujours également bien servies par l'expression. Il a respecté jusqu'à des in-
corrections légères, par égard pour
des sentimens, quoique les sentimens que l'auteur a essayé de décrire
ne soient pas d'un intérêt fort général.
Cet infortuné n'avait pu connaître
qu'un genre d'émotions que peu de
personnes ont éprouvées profondément; dont le souvenir, repoussé par
l'homme sage, importune l'homme
froid, révolte l'homme corrompu, et

ne se conserve tout au plus que dans certaines âmes passionnées qui ont eu le tort ou le malheur de ne rien trouver de mieux. Si on était sûr d'avoir rencontré toutes celles qui nous entendent, on n'écrirait pas sans doute; mais pourquoi écrirait-on si ce n'est pour les chercher?

Il est un reproche sur lequel l'éditeur d'un ouvrage de ce genre doit passer condamnation d'avance, celui de présenter au lecteur des tableaux trop sombres, d'éveiller dans son cœur des sentimens trop pénibles. Il faut avouer que cette triste distraction ne convient heureusement qu'à un petit nombre d'esprits chagrins, pour qui c'est un besoin de s'attendrir sur

les peines des autres, dans les momens de relâche où ils peuvent goû-
ter l'oubli de leurs propres douleurs,
et c'est à eux que cette *Nouvelle* s'a-
dresse. Quant aux écrivains qui ambi-
tionnent cette espèce de succès, je
suppose qu'ils n'ont pas toujours été
maîtres du choix.

THÉRÈSE AUBERT.

NOUVELLE.

Je m'appelle Adolphe de S***. Je suis né à Strasbourg, le 19 janvier 1777, d'une famille noble dont j'étais le dernier rejeton. J'ai perdu mon père dans l'émigration. Ma mère a péri dans une maison de détention pour les suspects; je n'ai ni frères, ni sœurs, ni parens de mon nom. J'ai dix-sept ans et demi depuis quelques jours, et rien n'annonce que cette courte existence puisse se prolonger. J'en dirai même la raison

1

plus tard, quoique ma position n'intéresse plus personne. Aussi, ce n'est pas pour le monde que j'écris ces lignes inutiles; c'est pour moi, pour moi seul; c'est pour occuper, pour perdre de tristes et désespérans loisirs qui seront heureusement bien courts. C'est pour ouvrir une voie plus facile aux sentimens qui m'oppressent, pour soulager mon cœur si le souvenir est un soulagement, ou pour achever de le briser.

J'avais suivi mon père à treize ans; je venais de le perdre à seize. J'étais rentré à Strasbourg, rapportant pour tout bien son dernier adieu, ses derniers conseils, l'exemple de son dévouement, de

son courage, de ses vertus pri-
vées, et je ne sais quelle émula-
tion de malheur qui relève l'âme.
Je cherchais ma mère; on igno-
rait jusqu'à sa fosse. Nos biens
n'étaient plus à nous. Nos parens
étaient errans ou morts. Nos an-
ciens amis auraient craint de me
reconnaître, et probablement il
y en avait parmi eux qui ne
m'auraient plus aimé; j'étais si à
plaindre! J'avais eu pour professeur de grec un moine qui s'appelait le père Schneider, et pour
maître de musique un virtuose
qui s'appelait M. Edelmann. L'un
et l'autre avaient embrassé avec
violence le parti de la révolution;
je m'informai d'eux cependant,

parce que je les avais vus s'honorer de l'amitié de mon père, et
que leur pitié, à eux, était ma
dernière ressource. Le premier
venait d'être lié aux poteaux de
l'échafaud dans un mouvement
populaire; je passai sur la place
d'armes; je le reconnus pâle, dé-
figuré, sanglant. La clameur publique l'accusait des forfaits les
plus odieux; mais il avait été mon
maître, il m'avait peut-être aimé;
j'aurais volé à lui, si je n'avais
craint que ma tendresse ne le
chargeât d'un crime de plus. Je
pleurai amèrement en cachant
mon visage. M. Edelmann avait
été arrêté le même jour. Quelques
mois après, m'a-t-on dit, ils sont

tombés à Paris, sous cette faux terrible de la révolution qui n'épargne pas ses enfans.

Mon dernier assignat avait été échangé contre un peu de pain. Il faisait très-froid, la journée s'avançait, et je ne savais où me retirer. Je me souvins que, dans une petite ville assez voisine, j'avais passé quelques jours de mon enfance chez la jolie hôtesse de.... Ma reconnaissance, hélas! n'ose pas la nommer. Comme elle était connue par son attachement à ce qu'on appelait les *aristocrates*, c'était dans sa maison que nous avions couché, mon père et moi, la nuit qui précéda notre émigration. J'employai à ce voyage tout ce qui me restait de forces. J'arrivai à la nuit obscure ; je gagnai avec précipitation le cabinet de madame T...., et je me jetai ou plutôt je tombai à ses pieds, car je ne pouvais plus me soutenir. Au nom de la charité, lui dis-je, un peu de vin pour se remettre, un peu de paille pour se reposer, à votre pauvre petit Adolphe ! Je meurs s'il faut que je passe encore cette nuit dans la neige ! Elle m'embrassa et pleura ; et comme ses larmes l'embellissaient ! Ensuite, elle me recommanda d'être prudent, et me conduisit dans une chambre écartée où il y avait trois lits. J'étais seulement prévenu d'avance que je n'avais rien à redouter de mes voisins. C'étaient des compagnons de malheur, mais je ne les connus pas ce jour-là. J'avais à peine achevé mon léger repas que tous mes sens furent liés par le sommeil. Quand je rouvris les yeux, il faisait jour.

Mes camarades m'embrassèrent en frères; le nom de mon père ne leur était pas étranger. Nos sentimens étaient les mêmes; notre fortune, notre destinée étaient communes; ils m'offraient d'ailleurs quelque chose de plus que des consolations; ils parlaient de grands dangers à courir, de quelque gloire à mériter. Ils voulaient changer mon sort, et j'étais jaloux déjà de partager le leur, quel qu'il fût. L'amitié doit être un sentiment délicieux à toutes les époques et dans toutes les conditions de la vie; mais, entre de jeunes âmes froissées par de nobles malheurs, c'est presque une religion.

L'un de ces messieurs avait dix-huit à vingt ans. C'était un jeune homme d'une figure affable mais sérieuse, plein de calme et de résolution, d'énergie et de présence d'esprit. Il s'appelait Forestier, et je crois qu'il était fils d'un cordonnier de Saumur ou de Chollet, je ne sais pas lequel. L'autre, qui avait pour lui la plus grande déférence, était de deux ou trois ans plus jeune et se nom-

mait le chevalier Mondyon. Quoiqu'il fût tout au plus de mon âge,
il était beaucoup plus développé
que moi. Ma petite taille, mes
yeux bleus, la couleur un peu ar-
dente de mes cheveux bouclés,
la fraîcheur d'un teint animé que
je tiens de ma mère et qui carac-
térise nos Alsaciennes, me donnaient, à mon grand regret, quelque chose de féminin et de timide
qui m'avait souvent exposé, sur
mon passage, aux soupçons et aux
railleries des voyageurs mal éle-
vés. En vérité, dit Mondyon avec
un ton de gaieté expressive qui ne
l'abandonnait jamais, nous aurons
peine à persuader au général que
ce nouveau camarade ne soit pas

une jeune fille déguisée. Je le dé-
tromperai de cette erreur, lui répondis-je, sur le premier champ
de bataille où il y aura du sang à
répandre pour le service du roi.
Forestier sourit et me serra vivement la main; Mondyon, qui
craignait de m'avoir mortifié, me
sauta au cou.

Ces deux officiers venaient de
se montrer avec le plus grand
éclat dans les premières affaires
de la Vendée. Leur intelligence,
leur zèle, leur courage éprouvé,
leur jeunesse même, qui repoussait à leur égard jusqu'au soupçon
d'une mission importante, et
peut-être décisive, les avait fait
préférer par le brave Larochejac-

quelin, pour être envoyés auprès des princes de la maison de Bourbon. Ils étaient arrivés à leur armée au moment où l'on s'occupait d'établir avec la France des communications qui pouvaient la sauver, et ils avaient eu la généreuse témérité de réclamer ce nouvel emploi, plus fertile que cent batailles en dangereux hasards. Déjà la partie la plus importante de leurs instructions était remplie, et le succès le plus heureux, un succès même inattendu, et dont tous les résultats ne sont probablement pas perdus pour la génération à venir, avait couronné leurs entreprises. Il ne leur restait plus, pour reprendre à travers la France le chemin de la Vendée, qu'à recevoir les passe-ports qui leur étaient promis par un des chefs du parti de l'intérieur. Ces papiers arrivèrent peu de jours après; les liens de notre amitié avaient continué de se serrer dans l'intimité de notre solitude. Nous jurâmes que la mort seule nous séparerait les uns des autres. La bonne madame T..... nous procura des uniformes de volontaires, nous munit de quelques provisions pour notre voyage, et nous fit promettre de revenir la voir un jour, si nous échappions aux périls presque inévitables qui nous menaçaient. Je n'en doutais pas; les premières

chances de la vie n'étonnent point
l'âme, elles l'enhardissent. Tout
est vaste, illimité comme l'avenir
et l'espérance, pour un homme
que l'espérance n'a pas encore
trompé, qui n'a pas encore vu de
près cet avenir si enchanteur, et
qui ne l'a pas vu dépouillé de tous
ses prestiges, réduit à toutes ses
misères, pauvre et vide comme
le néant. Tout réussit au gré de
nos souhaits; nous arrivâmes sous
le drapeau blanc, non sans ob-
stacles, mais sans accident, et
nous pûmes alors nous estimer
heureux, si c'est un bonheur d'é-
chapper au mal présent qui nous
frapperait le cœur plein de sentimens doux et d'illusions agréa-

bles, pour tomber avec un cœur flétri, desséché par la douleur, sous l'empire du désespoir et de la mort.

Je passe sur ces événemens avec rapidité. Quoiqu'ils me rappellent des noms chers à ma reconnaissance, à mon amitié, je sens que le récit m'en fatigue. Je ne peux plus m'expliquer l'intérêt qu'on attache à l'inutile conservation d'une vie pénible, les soins qu'on prend pour la retenir, les vaines dissipations de cœur dans lesquelles on se plaît à consumer ses jours. Je sens qu'il n'y a réellement dans l'existence que quelques heures, quelques instans fugitifs; que lorsqu'ils sont passés, irréparablement passés, tout fait mal dans les images de ce temps qui ne reviendra plus. Ce n'est pas seulement de l'amertume, c'est du dégoût; c'est quelque chose qui rend la mémoire à charge, et qui fait désirer l'apathie imbécile de la brute, qui sent peu, qui ne sent pas, ou qui oublie vite. La même raison me rendrait impossible la narration détaillée des faits militaires dont j'ai été le témoin. Je comprends que ces réminiscences, si indifférentes dans la foule des riens qui usent nos années, aient un certain charme pour l'âme heureusement servie de son organisation ou de son destin, qui n'a rien

éprouvé de plus vif; mais je n'é-
cris pas une histoire. Je suis
pressé de sortir de ces détails sté-
riles qui contraignent, qui oppressent mon cœur. Il me faut un autre air, un autre horizon où mes
pensées puissent s'épanouir en liberté, et commencer à participer à cette immensité qui s'ou-
vre devant moi. Qu'il me suffise
de dire que cinq ou six actions
d'éclat m'avaient mérité, malgré
mon extrême jeunesse, l'estime
de l'armée royale, la confiance de
mes chefs, et le commandement
d'une compagnie, quelques semaines avant la déroute du Mans.

J'avais reçu plusieurs blessures
dans les affaires antérieures; quel-

ques-unes n'étaient pas tout-à-fait fermées ; les fatigues des jours précédens pesaient encore sur moi. Pour comble de maux, je perdis mon cheval d'un coup de feu, et mon épée fut rompue près de la garde, dès le commencement de l'affaire. Il faut avoir vu le désordre de l'armée, le tumulte et la confusion du peuple; il faut avoir été témoin de cette journée de désastres, pour s'en former quelque idée; les plus braves de nos soldats erraient au hasard dans les rues, cherchant inutilement à se rallier, et augmentant de leurs mouvemens incertains, de leurs cris de terreur et de rage, de tous leurs efforts sans objet,

1*

l'horreur de notre situation ; enfin, je parvins à en rassembler quelques uns autour de moi, au bas d'une rue escarpée dont la hauteur était occupée par un poste de républicains qui se hâtaient de l'encombrer de tous les débris qui se présentaient sous leurs mains. Je m'y jetai avec ardeur, en encourageant ma petite troupe du geste et de la voix ; l'ennemi s'ébranlait et paraissait disposé à nous laisser la place ; mais, en l'abandonnant, il poussa vers nous, avec une violence augmentée par la rapidité de la pente, quelques-uns de nos chars d'artillerie qui obstruaient le passage; un de leurs timons me frappa dans l'esto-

mach, et me renversa mourant
sur un monceau de morts, où je
passai la nuit sans autre sentiment qu'une perception confuse
de douleur. La fraîcheur du matin développa cette impression et
la rendit plus distincte ; mes idées
reprirent un peu d'ordre, un peu
de netteté ; je revins à moi, le jour
était levé. J'entendais une rumeur
vague qui s'éloignait, qui se rapprochait tour à tour, qui me laissait de temps en temps reconnaître quelques sons, distinguer
quelques paroles. Elles étaient
accompagnées du cliquetis des
baïonnettes qui se heurtaient
dans la marche. C'étaient évidem-
ment les républicains ; je pensai-

qu'ils parcouraient tous les quartiers pour surprendre ceux d'entre nous qui s'étaient cachés, ou pour compter les morts. Il n'y avait pas une maison qui ne fût fermée avec le plus grand soin; mais, parmi les objets qui avaient servi à barricader la rue, je remarquai une échelle, je la dressai contre une muraille; j'arrivai au toit au moment où une décharge de fusils brisait le dernier échelon sous mes pieds; je n'étais pas atteint, mais je n'étais pas sauvé. Je passai de ce toit à un autre; et, toujours poursuivi, toujours en évidence, je parvins au détour de la rue avant les soldats qui rechargeaient leurs armes, et que cette opération avait retardés. Dans l'angle même, je me trouvai auprès d'une fenêtre dont le volet mal attaché céda au premier effort, et je tombai d'un saut au milieu d'une chambre dont l'aspect annonçait la demeure du pauvre. Une jeune fille poussa un cri; elle était couchée : Ne craignez rien, lui dis-je, sauvez un pauvre brigand, et Dieu vous récompensera. En prononçant ces mots, je m'étais jeté sur son lit, et j'avais retourné sur moi une partie de sa couverture. Mon chapeau était resté sur les morts; j'avais passé dans ma ceinture le tronçon de mon épée; mes cheveux qui étaient très-longs, et rattachés en nœud sur ma tête, couvraient à demi mon visage. Les soldats entrèrent, s'approchèrent du lit, regardèrent dessous, parcoururent la chambre et revinrent à nous. Je fermais les yeux, et je cachais sous le drap mon front noirci du feu et souillé de la poussière de la bataille. Voilà qui est bien, dit l'un d'eux, je connais celle-ci; c'est Jeannette. La blonde est sa jeune sœur, reprit l'autre; le brigand n'est pas ici. La porte se referma enfin sur eux; il en était temps pour ma compagne dont les dents se choquaient de terreur.

Il n'y avait pas un moment à perdre pour éviter leur retour;

j'étais déjà debout derrière le rideau qui séparait le pied du lit de Jeannette de l'intérieur de la chambre. Quelques mots rapidement échangés avec ma protectrice avaient suffi pour la décider à me sacrifier un de ses deux habits complets; et, malgré la nouveauté du travestissement, il ne me coûta que quelques minutes; mon costume était simple, mais propre; mes cheveux étaient relevés avec peu d'art, sous une cornette que Jeannette aurait mieux posée : mais toutes les toilettes de ce jour-là pouvaient se ressentir du désordre et des terreurs de la veille; enfin le hâle de mon visage n'était plus disparate

avec mes atours; le soleil brûle
la peau comme 'la fumée du canon. Après m'être assuré, d'un
seul regard, sur un fragment de
miroir suspendu à la muraille,
qu'il ne m'était pas impossible de
faire illusion aux soldats même
qui m'avaient vu de près dans la
mêlée, je me hâtai d'envelopper
ma veste gris de fer avec le cœur
et l'épaulette qui la décoraient,
mes pistolets, mon poignard et
le reste de mon équipage, dans le
mouchoir rouge qui me servait
d'écharpe un moment auparavant;
je le passai à mon bras. Je me
rapprochai du lit de Jeannette, je
la forçai à recevoir quelques
pièces d'or, qui étaient la juste

moitié de ma petite fortune, et que sa main repoussait; puis j'imprimai sur ses joues et sur son front un baiser de reconnaissance plus expressif que toutes les paroles. J'arrivai au pied de l'escalier quand les soldats qui me poursuivaient achevaient leur infructueuse recherche. Ils ne me remarquèrent pas.

Je ne connaissais point la ville; j'y marchais au hasard, en cherchant une issue du côté par où il me semblait que devaient être sortis mes camarades; enfin, j'apercevais la campagne et je me croyais près de la liberté, quand un soldat abattit devant moi le canon de son fusil, et me força à reculer de deux pas. Alte-là, me dit-il, la jeune fille. On ne passe pas sans se faire connaître. Entrez au bureau. J'obéis. Ce bureau était un vaste dépôt, où se trouvaient déjà réunies une foule de femmes gémissantes, d'enfans en pleurs, dont quelques-uns avaient été séparés de leurs mères, peut-être pour toujours, dans le trouble de la déroute, et qui attendaient là, dans une anxiété horrible, ce qu'il plairait aux vainqueurs de décider de leur sort. Es-tu aussi une brigande? me dit un homme d'une physionomie féroce, dont le cœur s'était sans doute épanoui de joie en voyant tomber sous son pouvoir une victime de plus. — Non, lui dis-je. — Où est

ton passe-port? — Je n'en ai point.
Je suis la fille du meunier de P...,
qui est mort en défendant la ré-
publique contre les brigands; et,
coume nous sommes une famille
nombreuse et pauvre, j'étais venue au Mans pour y chercher du
service. Je suis arrivée au milieu
des événemens d'hier; la peur m'a
saisie; je me suis cachée jusqu'au
matin; et je cherchais à retourner
d'où je viens. Voilà tout. — Du
meunier de P..., reprit mon inter-
rogateur, cela est possible. Qu'on
la mène au président Aubert, dit-
il, en se retournant; il est de ce
village; et, si elle ne nous induit
pas en erreur, il la reconnaîtra.

Le président était au bout de

la salle. Il était tourné. Des pana-
ches à trois couleurs flottaient sur
son chapeau ; un ruban à trois couleurs, en sautoir, descendoit sur
ses épaules. Il parlait avec action,
et, à ce qu'il me parut, avec violence. J'eus le sentiment d'une
mort prochaine. Mon cœur se
serra pendant une seconde ; mon
front se mouilla de sueur ; je laissai glisser mon paquet ; il allait
m'échapper quand je me raffer-
mis. Il ne s'agissait au pis aller
que de mourir ; et quel intérêt,
quelle affection pouvaient me rattacher à la vie ? J'entendis avec
assez de calme l'homme qui me
conduisait répéter le mensonge
que je venais d'inventer ; ou plu-

tôt, si j'éprouvais quelque émotion, elle ne provenait plus que de la honte d'avoir menti, pour racheter des jours dont le souverain juge devait bientôt me demander compte. Le président Aubert avait repris les mêmes mots d'une voix émue et inquiète. Il se retourna brusquement de mon côté, et fixa sur moi un regard triste, dont je n'oublierai jamais l'expression. Cet état d'incertitude ne fut pas long. Sa physionomie, qui était noble et tendre, mais qui portait l'empreinte d'un souci habituel, s'éclaircit rapidement. Il sourit avec douceur, et me frappa la joue du revers de la main, en me disant affectueusement : C'est

Quand je me hasardai à regarder du côté du président, il avait repris sa conversation, et ne paraissait plus s'occuper d'autre chose.

Que la protection de Dieu s'attache à tous les jours qui te sont comptés, dis-je dans la profondeur de mon cœur! qu'elle s'étende sur ta famille et sur tous ceux que tu aimes! et, s'il ne t'est pas donné de jouir sur la terre, dans ce temps de corruption et de cruauté, de tout le bonheur que tu mérites, puisse la bonté céleste le mesurer dans une autre vie, dans une vie éternelle, sur les vœux que je fais pour toi!

Je partis avec mon guide. J'éprouvai quelque embarras de l'en-

donc toi, pauvre Antoinette! Tu dois avoir eu grand'peur. — Cette main, avec quel transport de reconnaissance et de respect j'y aurais imprimé mes lèvres, si j'avais pu le faire sans perdre mon bienfaiteur! Il dut lire dans mes regards une partie de ce que j'éprouvais. Quant à moi, j'acquérais au même instant des idées singulières et nouvelles. Je concevais, pour la première fois, qu'il n'y a point de nuance d'opinion si absolue qu'on puisse la supposer, qui exclue entièrement l'humanité et la justice. Je me blâmais intérieurement de la sévérité trop générale de certains jugemens que j'avais portés jusqu'alors sur la foi des préventions et des passions des autres. Je me promettais de consulter avant tout, dans ma conduite à venir, les règles générales de la bienveillance et de la pitié, avant de m'abandonner à l'injuste impression des haines de parti. Pendant que je faisais ces réflexions, M. Aubert avait écrit et scellé un petit billet. Il me le donna. J'ai pensé, dit-il, que, puisque tu es disposée à prendre du service, il est plus convenable que tu entres auprès de ma fille que partout ailleurs. La mort de sa mère a laissé dans son cœur comme dans le mien un vide qu'une tendre intimité peut seule remplir. Sa grand'mère est infirme et malade. Trop d'isolement m'inquiète

pour son bonheur, et je me proposais depuis long-temps de lui donner une compagne de son âge. Tu as de l'éducation, des mœurs, la recommandation d'un nom honnête. Ma Thérèse te recevra et t'aimera en sœur. Tu sais peut-être que nous habitons, depuis la guerre, notre petite ferme de Sancy, près de la Sarthe. Comme tu peux n'en pas connaître le chemin, et que ton âge et ton sexe ont besoin de protection dans un voyage de quatre lieues, ce brave homme te conduira. Il a, pour passer sans obstacle, l'autorité nécessaire. — J'avais les yeux baissés. Je tremblais de laisser lire dans ma physionomie ce qui se passoit en moi.

tretien que j'aurais à soutenir avec
lui, dans un pays où je ne connaissais ni les personnes ni les lieux,
et où la moindre maladresse pouvait trahir mon imposture et remettre mon salut en question ;
mais je ne tardai pas à m'apercevoir que cet homme ne jouissait
pas sans motif de la confiance de
M. Aubert. Quelques mots d'une
bienveillance générale, qui n'an-
nonçaient pas le dessein d'une ap-
plication, mais qui me faisaient
concevoir qu'elle serait sans danger, si par hasard ma conversation
la faisait naître, achevèrent de me
rendre une parfaite tranquillité.
Peu à peu nous réunissions d'ailleurs autour de nous de pauvres

paysans que la crainte des armées
avait chassés de leurs foyers, et
qui se hâtaient de les rejoindre
avec leurs enfans dans leurs bras.
Les propos sans liaison de ces bon-
nes gens m'instruisaient cependant
d'une partie de ce qu'il était nécessaire que j'apprisse. Ils me confirmaient dans l'idée que je m'étais
faite de la journée de la veille et
de ses suites; ils me démontraient
l'impossibilité de rejoindre les débris des troupes royalistes, et
l'inutilité de cette tentative qui
n'aurait servi d'ailleurs, en cas de
succès, qu'à embarrasser leur retraite d'un proscrit de plus; ils me
faisaient apprécier le bonheur de
trouver un asile pour quelques

jours, en attendant une occasion
plus facile de me réunir à mes malheureux camarades ; le bonheur
de me trouver surtout dans la maison de M. Aubert dont quelques
circonstances développaient de
plus en plus à mes yeux le généreux caractère. Il résultait de tout
ce que j'entendais, comme de tout
ce que j'avais présumé d'abord,
que M. Aubert engagé dans les
premiers mouvemens de la révolution par irréflexion ou par enthousiasme, avait continué à suivre sa marche par raison et par
vertu, pour tirer au moins quelque
parti de la juste influence d'une
âme droite et sensible sur l'aveugle
multitude, et pour faire servir ce

qui lui restait de cette popularité fu-
gitive qui n'est fidèle qu'aux excès,
à secourir, à sauver quelques malheureux. Je n'avais pas compté
jusque-là ce genre de dévouement
et de courage au nombre de ceux
qui peuvent honorer l'humanité;
mais je n'en fus que plus disposé
à l'apprécier. Je supposai même
qu'il était peut-être moins rare
qu'on ne l'imaginerait au premier
abord; qu'il y avait dans les rangs
des méchans beaucoup d'hommes
qui ne restaient confondus avec
eux que par l'excès d'une abnéga-
tion sublime, et qu'en faisant une
grande part à l'erreur et à la faiblesse, il restait probablement fort
peu de méchans, dans le sens ab-

solu du mot. Ces idées reposaient mon cœur; elles adoucissaient le sentiment de ma vie, elles jetaient du charme sur toutes les impressions que je recevais des objets extérieurs; et l'instinct du bien-être qui faisait palpiter mon sein, s'augmenta encore à la vue de la petite ferme de Sancy. Jamais mes regards ne s'étaient arrêtés sur un tableau plus agréable. Hélas! aujourd'hui même, je trouve une sorte de plaisir à me le rappeler, comme si mon existence rétrogradait jusqu'au jour où je l'aperçus pour la première fois, et que ce qui s'est passé depuis fût encore de l'avenir.

Sancy ne se compose que de

trois ou quatre maisons parmi lesquelles on distingue celle de M. Aubert à ses quatre cheminées blanches et à l'étendue de ses jardins.
On y arrive par un sentier tor-
tueux tracé pour une seule personne sur le revers d'une petite
côte aride, mais extrêmement pit-
toresque, dont toute la surface est
hérissée de rochers qui affectent
les formes les plus bizarres et les
plus variées. Quelques buissons de
ronces, de houx, de genévriers,
et des mousses de différentes couleurs sont la seule végétation qu'on
y remarque pendant la plus grande
partie de l'année; mais au printemps elle rachète sa pauvreté accoutumée par un luxe tout-à-fait

extraordinaire. Elle se charge de violettes, de primevères jaunes, et d'une quantité innombrable de ces jolies anémones dont la tige penchée se plaît dans les lieux obscurs, sous le frais abri des roches humides. Cette parure éphémère disparaît aux premières ardeurs du soleil de mai. Au sommet de la montagne, sur une petite esplanade de verdure, d'où l'œil s'égare au loin dans des plaines délicieuses, s'élevait une croix de pierre que l'on avait déjà ébranlée, mais que l'on n'avait pu abattre. Elle se soutenait entre les pierres auxquelles sa base était liée par de fortes bandes de fer, quoique penchée au point qu'elle paraissait de-

puis le bas suspendue sur la pente
du précipice, et elle ajoutait à la
singularité de cet aspect sauvage
l'aspect d'une ruine miraculeuse.
Un joli ruisseau, qui coule entre
deux rangs de saules, et qui va un
quart de lieue plus loin se perdre
dans la Sarthe, baigne le pied de
cette colline, qu'il embrasse toute
entière et dont son murmure anime
seule la muette solitude. Au-delà
se déploient des campagnes rian-
tes, coupées d'espace en espace
avec une grâce infinie par de petits
côteaux boisés, ou par des bou-
quets d'arbres solitaires qui se des-
sinent sur le fond du paysage
comme des îles de verdure. L'œil
égaré entre leurs contours agrestes

et cependant harmonieux se plaît
à y retrouver de temps à autre la
trace brillante et argentée du ruisseau, ou des parties de la rivière
qui, interceptée à tout moment
par de nouveaux objets, n'offre que
l'apparence de quelques lacs épars
placés à dessein dans la perspective pour en augmenter la variété.
Leurs bords semés de hameaux
annoncent d'ailleurs cette douce
prospérité dont le sentiment s'é-
veille si agréablement dans le cœur
d'un voyageur ami des hommes,
à la vue d'un groupe de petites
maisons blanches entourées d'arbres fruitiers; spectacle consola-
teur qui lui fait oublier un moment

la hideuse misère et la cruelle opulence des villes.

Quand j'arrivai à Sancy, la saison était bien avancée, et quelques traits de ce tableau, altérés par les premières influences de l'hiver, manquaient à la perfection de son ensemble; mais je les ai rassemblés depuis autour de la première idée que je m'en étais faite, et qui m'avait causé une sorte d'extase. En effet, je n'avais jamais éprouvé jusqu'alors une profonde impression de plaisir à la vue de la nature ; elle m'avait quelquefois étonné, elle ne m'avait pas encore ravi. Mon cœur fortement dilaté ne s'était jamais senti comme emprisonné dans mon sein, comme tourmenté du besoin de s'élancer hors de moi pour embrasser la création ; et cependant cette jouissance si nouvelle pour lui ne comblait pas les désirs immenses qu'il venait de concevoir. Il prenait possession sans obstacle de tout cet infini qu'il commençait à découvrir ; mais, en se repliant sur lui-même, il s'étonnait de se trouver si vide encore et de ne rapporter de ses conquêtes qu'une curiosité insatiable et des inquiétudes inconnues. Il se demandait si c'était là tout ce qui lui était donné, et il palpitait d'une impatience indéfinissable qui était pleine de soucis et de charmes. Ma gorge se serrait, mes paupières se mouillaient de larmes, je ne sais

quel murmure bruissait à mes
oreilles, quelle clarté mobile et dé-
cevante éblouissait mes yeux.
Depuis plus d'un an j'avais vécu
au milieu des distractions de la
guerre, occupé de soins conti-
nuels, entouré de périls toujours
renaissans. J'attribuai l'état singulier où je me trouvais à l'effet de
la solitude, mais je comprenais
mal qu'elle pût produire ainsi dans
mon imagination et dans mes or-
ganes des désordres qui appro-
chaient du délire. Cette incertitude
me suivit jusqu'à la ferme où elle
devait cesser. Mon conducteur
m'introduisit dans la chambre de
Thérèse à qui je remis la lettre de
son père. Au moment où elle me

regarda, mon cœur se remplit, l'univers était complet.

Thérèse avait un peu moins de seize ans. Ce n'était pas la plus belle des femmes, mais c'était la seule femme qui m'eût fait comprendre le bonheur d'aimer et d'être aimé; car je le compris d'abord, non sans m'étonner qu'un sentiment si puissant, si tyrannique, qui absorbait si complétement toutes les facultés de ma vie, eût eu si peu de chose à faire pour les soumettre. Je me suis souvent demandé depuis s'il en était ainsi parmi les autres hommes; mais je n'ai pu l'apprendre d'eux. Cette impression fut subite comme la pensée, subite comme le regard que Thérèse laissa tomber sur moi, et qui était animé d'une si touchante bienveillance que la vue du ciel ouvert n'aurait pas réjoui mon âme d'une volupté plus vive et plus pure. Je dis son regard, parce que je ne sais point d'autre expression pour peindre cette émanation d'un feu doux qui s'échappe entre les cils d'une femme aimée, et dont le contact bouleverse le cœur et fait tourner le sang dans toutes les artères. La paupière de Thérèse n'était pas tout-à-fait rabaissée sur la lettre de son père, que je savais déjà que ma destinée lui appartenait à jamais. J'osai la regarder alors, parce qu'elle ne me regar-

dait plus, et j'étais si faible pour
mon bonheur, que je redoutais
presque le moment où sa lecture
finirait. Je ne me sentais pas la
force de supporter à si peu de distance deux émotions dont la première avait suffi pour inonder
tous mes sens d'une félicité eni-
vrante. Les biens de l'existence
me semblaient mal répartis. J'aurais voulu distribuer l'excès de
mes sentimens et de mes illusions
sur toutes les années qui me
restaient à vivre, ou bien j'aurais voulu qu'ils s'accumulassent
jusqu'au point de m'accabler,
et que mon cœur brisé de délices s'anéantît dans sa joie. Cette
dernière idée prévalut, et je

commençai à me nourrir de la
contemplation de ses traits; je
m'efforçai de les graver ineffaça-
blement dans ma mémoire, de
me les approprier tous, de manière qu'aucun événement ne pût
m'en priver à l'avenir, et que, s'il
m'était réservé de mourir d'une
mort si accomplie en douceur,
cette image identifiée à ma dernière pensée l'occupât seule pendant l'éternité entière. Thérèse
était d'une petite taille, mais on
ne s'en apercevait que par com-
paraison, parce que la nature n'a-
vait jamais donné à des formes
plus gracieuses des proportions
plus remarquables par leur élé-
gance et leur harmonie. Ses che-

3

nourrir d'un objet réel, et qui s'é-
garait dans des pensées étrangères aux lieux, aux temps, aux
circonstances où elle venait à se
manifester. Il est possible que la
mélancolie ne soit pas dans tous
les êtres sensibles l'effet du souvenir des peines passées. Pourquoi
ne serait-elle pas quelquefois une
disposition involontaire du cœur
à essayer les peines qui le menacent, et un avis de s'y préparer?
Son cou était extrêmement délié,
et cédait presqu'à tout moment
sous le poids de sa tête qui retom-
bait alors penchée sur une de ses
épaules avec un abandon plein de
grâces. Cette habitude était probablement un défaut, mais un

défaut dont aucune perfection
n'aurait pu remplacer le charme,
tant il s'y rattachait d'idées ten-
dres et délicates ! Au reste, ce ne
sont là que des réminiscences, et
non un portrait. J'ai voulu parler
d'elle, et non pas substituer à
cette vive image qu'elle a laissée
dans mon cœur, et que nul effort humain ne saurait faire passer dans l'esprit et dans le cœur
des autres, une esquisse imparfaite qui se décolore, qui s'éteint
sous ma plume. Ah! ce n'est
point ainsi que je l'ai vue, ou plutôt je ne l'ai jamais vue assez distinctement pour entreprendre de
la peindre ! Il y avoit sur ses traits
un voile lumineux qui m'en dé-

robait tous les détails, et maintenant encore je ne me rappelle son
visage que dans le vague de cette
vapeur éblouissante dont il était
enveloppé.

Mon premier abord avait in-
spiré à Thérèse un intérêt affec-
tueux, mais familier. Elle m'avait
souri avec une cordialité franche
où se révélait toute la bonté de
son cœur. A mesure qu'elle lisait,
ses dispositions, sans changer
tout-à-fait de nature, prenaient
un autre caractère. Quelque embarras, qui augmentait à chaque
ligne, se développait sur sa figure.
La timidité paraissait gêner l'ef-
fusion d'âme que cette lettre lui
inspirait. Son sein palpitait; ses

joues s'étaient vivement colorées.
On voyait qu'elle cherchait à retenir des larmes prêtes à jaillir de
ses yeux. Quand elle eut fini, elle
vint à moi, me prit la main avec
expression, jeta au feu l'écrit de
son père après y avoir appliqué
ses lèvres ; et, relevant le doigt sur
sa bouche, elle me regarda d'un
air d'intelligence. Mademoiselle,
me dit-elle, comptez sur tous les
soins..... Elle me regarda de nouveau, et remarquant mon émotion ; elle passa un de ses bras autour de mon cou ; si l'amitié peut
vous dédommager de vos peines,
reprit-elle, si du moins elle peut
les adoucir, vous ne serez pas
tout-à-fait malheureuse. Mes joues

se mouillèrent de pleurs de reconnaissance, mon cœur donnait le
change à son trouble, en se livrant
sans réserve à ce sentiment. Je
sentais mes genoux faillir; mes
lèvres s'attachèrent à sa main, un
feu inconnu s'en échappait, et se
répandait dans mes veines. Toutes mes émotions étaient aussi
nouvelles pour moi, que si j'avais
fait le premier essai de l'air, de la
lumière et de la vie. Je voulais
parler, je balbutiais des mots
confus comme un homme qui
rêve. Enfin, elle se laissa tomber
dans mes bras, en me disant :
Oh ! si tu savais comme je t'aime
déjà... ; elle m'aimait, elle l'avait
dit ! — Apprends-moi ton nom,

continua-t-elle, ou celui que tu
veux qu'on te donne ? Cette question et ce langage me rappelèrent
que je passais pour une femme,
et tout le prestige de mon bonheur s'évanouit. Ma vie auprès
de Thérèse, n'était plus qu'un
rôle, et ce rôle était le seul qui
me convînt chez la fille de mon
bienfaiteur. Mon cœur profitait
d'ailleurs un peu de sa méprise,
et je jouissais de l'idée qu'elle
pourrait garder de moi quelque
tendre souvenir si je ne la dé-
trompais pas. Je m'appelle Antoinette, lui répondis-je en rougis-
sant, et je cédai au mouvement
qui m'entraînait vers elle. Nous
marchâmes les bras enlacés jus-

qu'à la chambre de sa grand'mère,
qui était assise au coin du feu
dans une chaise longue à pupitre.
Un livre d'heures était ouvert devant elle, et occupait toute son
attention. Thérèse s'avançait à petits pas pour la surprendre; et,
quand elle fut auprès d'elle, elle
lui sauta au cou en posant une
de ses mains sur ses yeux : Voilà
une bonne malice, petite espiègle,
lui dit la vieille madame Aubert!
Crois-tu que je ne te reconnaî-
trais pas, même quand je serais
aveugle, et je le serai bientôt, car
mes yeux s'affaiblissent tous les
jours; mais je ne confondrai jamais ta jolie petite main avec celle
d'une autre. En disant cela, elle

l'embrassa ; Thérèse s'était re-
tournée de mon côté avec un air
soucieux. Je crus deviner qu'elle
regrettait d'avoir fait naître dans
l'esprit de sa grand'mère une pensée qui pouvait l'attrister, celle que
l'âge affaiblissait ses yeux et qu'elle
les perdrait bientôt. Dans tous les
cas, cette impression avait été
bien passagère. Madame Aubert
venait de m'apercevoir ; Thérèse
se rapprocha d'elle, et lui parla à
demi-voix avec beaucoup de cha-
leur. Pendant ce temps, madame
Aubert levait les yeux au ciel,
me regardait d'un air attendri,
prenait la main de Thérèse, cherchait la mienne et pleurait. Je flé-
chis le genou, je me prosternai,

je l'entendis me bénir, et sa bénédiction ne m'alarma point, car
je me trouvai la force de m'en
rendre digne.

Je ne peindrai pas ma situation
pendant les premières semaines
que je passai près de Thérèse. Elle
avait quelque chose de si embar-
rassant que je concevrais à peine
que j'aie eu la force de m'y main-
tenir si long-temps, si je ne me
rappelais combien j'avais à redouter qu'elle cessât. C'était une espèce d'ivresse qui troublait toutes
mes facultés, et dont l'effet le plus
doux était d'en suspendre souvent
l'usage. Accablé sous le poids de
ces émotions de toutes les minutes qui se succédaient, qui se mul-

tipliaient sur mon cœur, je cédais quelquefois à un accablement qui n'était pas sans charmes, et que je me trouvais heureux d'entretenir. Cependant une idée pénible venait interrompre de moment en moment cette espèce de sommeil où j'aimais à me plonger. Thérèse et son généreux père étaient trompés. Je n'étais point ce que je paraissais être, et je nourrissais une passion qu'ils pouvaient un jour désavouer tous les deux. Cette idée me devint d'autant plus insupportable, il faut le dire, car la misère de nos sentimens se mêle à ce qu'ils ont de plus élevé, que je consentais avec peine à être aimé pour un autre, à dérober sous un habit de

femme cette tendresse à laquelle
il faudrait renoncer un jour, à
tromper un cœur qui me donnait
tout et auquel je n'offrais qu'un
objet idéal, qu'un vain fantôme
dont l'apparence allait s'évanouir
et lui être ravie par une séparation
pire que la mort; car il est moins
cruel de perdre par la mort un
être qu'on aime que d'en être dés-
abusé. J'étais donc décidé à tout
dire à Thérèse, et cependant la
faiblesse de mon âme m'arrêtait;
je craignais qu'en cessant d'aimer
Antoinette qui n'existerait plus
pour elle, elle cessât d'aimer Adolphe qu'elle n'avait point connu.
Je me persuadais, je ne sais pourquoi, que ces caresses innocentes

que je devais à mon travestissement, seraient le dernier bonheur
de ma vie, et qu'aussitôt que je lui
aurais avoué mon secret, je la per-
drais pour jamais. Balancé entre
le besoin d'être aimé de Thérèse,
et le besoin plus impérieux de ne
tromper ni l'amitié de Thérèse, ni
la confiance de son père, je n'avais
cependant pas à hésiter. Je cherchais une occasion, ou plutôt je
l'attendais en tremblant. Elle ne
tarda pas à se présenter.

Thérèse avait une amie qui de-
meurait à une demi-lieue de la
ferme dans un petit château agréablement situé qu'on voyait depuis
la montagne de la croix, et dont
les vergers en amphithéâtre étaient

couronnés par une plate-forme
plantée de cerisiers. Au bas s'é-
tendait un joli jardin baigné par le
ruisseau qui venait un peu plus
loin, à travers un vallon creux om-
bragé de jeunes hêtres, arroser les
côteaux de Sancy. Le sentier profondément encaissé dans une gorge
étroite serpentait entre deux col-
lines peu élevées, mais qui se développaient sur un long espace. La
vue n'y était distraite que par un
petit nombre de maisons éparses
presque toutes délaissées à cause
de la guerre, un moulin abandonné sous une chute d'eau qui
avait tari, les restes d'une chau-
mière incendiée qui laissait encore
apercevoir, entre ses pans de mu-

raille noircis, les vestiges du foyer domestique autour duquel se passèrent tant d'agréables veillées ; enfin quelques huttes pyramidales bâties en laves, où se réfugient après leurs travaux les pauvres gens qui viennent tirer de la pierre des carrières voisines. Ce sentier devint notre promenade accoutumée, parce que l'amie de Thérèse se trouvait ordinairement à moitié chemin. Elle s'appelait Henriette de F.... et elle était noble ; mais, quoique le malheur des circonstances eût plutôt augmenté qu'affaibli en elle le sentiment de la naissance et la fierté du caractère, il était impossible de trouver dans le commerce de la vie une âme plus simple et plus dépouillée de toute prétention. Son âge était un peu plus avancé que le nôtre. Son nom, son éducation, ses manières semblaient lui donner quelque avantage qu'elle s'efforçait toujour de perdre, et qui lui devenait à charge dès qu'il était remarqué. Elle avait un genre de coquetterie qui doit être rare. Elle ne faisait de frais que pour être plus simple. Elle était d'ailleurs si naturelle dans ses sentimens, si franche dans son abandon, qu'on s'accoutumait tout de suite à être aimé d'elle, et que l'on comprenait qu'elle fut aimée de Thérèse. L'amitié de Thérèse était bien son plus grand charme à mes yeux; mais je sentais qu'un homme qui n'aurait jamais vu Thérèse pouvait être heureux de l'amour d'Henriette. Moins jolie que Thérèse, elle était cependant fort bien, quoique sa physionomie manquât d'ensemble et d'harmonie. Jamais des traits plus mélancoliques n'ont été animés par une expression de joie si extraordinaire. Il est vrai que cette expression était très-fugitive, mais elle était si fréquente qu'elle aurait pu passer pour habituelle sans le contraste qu'elle produisait. Son regard étincelant de gaieté, qui s'obscurcissait tout à coup et devenait fixe et sombre, son rire jeté à de courts intervalles et qui faisait place au silence, à l'immobilité la plus morne, une alternative étrange d'exaltation et d'abattement, rendaient l'idée de cette joie importune et pénible. On devinait je ne sais pourquoi, que, derrière l'illusion passagère qu'elle se faisait, il y avait un malheur caché.

Un jour.... les premières influences du printemps commençaient à se faire sentir dans la campagne ; de petites fleurs blanches, façonnées en coupes déliées qui échappent presque à la vue, s'épanouissaient entre les pierres dont le sentier est bordé.; la douce odeur de la violette révélait sa présence sous les buissons , et l'air, échauffé des rayons du soleil renaissant, se peuplait d'une foule d'insectes qui n'apparaissaient un moment que pour mourir, mais qui répandaient dans ce tableau le mouvement de la vie ; nous avions le cœur ouvert à toutes les douces impressions de cette saison de renouvellement et de bonheur, quand nous aperçûmes Henriette. Pour la première fois, sa physionomie était immobile ; elle nous regardait, elle soupirait ; elle ne riait pas comme à l'ordinaire du premier objet qui frappait son imagination si facile à exciter, notre conversation même ne l'occupait point. Elle semblait vivre ailleurs, et d'une autre pensée. Cette position devint bientôt embarrassante pour

nous tous ; le cœur de Thérèse
surtout se brisait sous le poids
d'une contrainte si nouvelle. Elle
n'y résista pas long-temps ; les
yeux mouillés de larmes, et le
bras jeté autour de l'épaule d'Henriette, elle lui dit : « Tu as du
chagrin ? — Oh ! beaucoup, répondit Henriette en pleurant
aussi ; mais tu ne les compren-
drais pas. — Eh ! quoi, reprit
Thérèse, est-il un de tes chagrins
que je ne puisse pas comprendre ? »
— Cette fois, Henriette sourit
amèrement. « Je le crois bien, si
tu n'as pas aimé. — Peux-tu le
demander ? n'aimé-je pas ceux qui
m'aiment ? n'aimé-je pas mon
père, dis ? ma pauvre mère, ô

mon Dieu! ne l'aimais-je pas? et
mon autre mère, suis-je quelque
part plus heureuse qu'auprès
d'elle? mais toi, ingrate, je ne
t'aime pas, n'est-il pas vrai? voilà
comme tu me juges!... Antoinette ne me traiterait pas si cruellement. Elle sait bien que je l'aime.
— Voilà tout, dit froidement
Henriette? — Voilà tout, continua Thérèse avec un peu d'é-
tonnement. Oh! je sais bien, s'é-
cria-t-elle, du ton d'une réminis-
cence singulière qui ne revient
que par hasard à l'esprit, tu veux
parler d'un autre sentiment, de
l'amour, n'est-ce pas? Saurais-tu
ce que c'est que de l'amour, dis-
le-moi, je t'en supplie? » Henriette

secoua la tête. Qu'importe, au reste, reprit Thérèse? je me suis toujours persuadée que les peintures passionnées qu'on en fait dans les livres et dans les romances, ne sont qu'un abus sans conséquence du privilége connu des poëtes. Je sais très-bien, quel que soit le mari que mon père me donnera ou qu'il me permettra de choisir, que je ne l'aimerai pas mieux que toi..... ou que toi, ajouta-t-elle en se retournant de mon côté, et en attachant sur moi un regard plus fixe. — Vous me le promettez, lui dis-je. — Oui, je te le promets. Je pris sa main, et j'en couvris tour à tour ma bouche et mes yeux pour ne pas lui laisser apercevoir mon trouble. J'avais déjà sur son cœur un droit qui ne pouvait plus m'être disputé, et Adolphe commençait à participer au bonheur d'Antoinette.

« Heureuse de penser ainsi, dit Henriette, il est inutile aujourd'hui que tu en saches davantage ; et ce sentiment que tu ignores, puisses-tu ne le connaître jamais que par ses douceurs! Voici maintenant ce que tu demandes. J'ai perdu mon père, comme tu sais, mais j'ai un frère dont je dépends ; et qui prend un intérêt plus vif à mon bonheur qu'au sien même ; car il a succédé pour moi à la tendresse comme aux

4

devoirs d'un père. Depuis long-
temps, sur les témoignages avantageux qu'on rendait d'un de nos
parens, il avait formé le projet
de m'unir à lui, en supposant
toutefois que cet arrangement
pût me convenir. Les événemens
de la guerre avaient retardé l'ac-
complissement de son dessein,
sans le lui faire oublier, et même
sans contrarier entièrement ses
vues. Mon cousin était tout au
plus de mon âge; il commençait avec honneur une carrière
éclatante, et il ne pouvait qu'être
avantageux pour lui de la pour-
suivre pendant quelques années,
avant notre mariage; de mon
côté, je ne hâtais point de mes

désirs le moment de cette union ; je n'avais jamais vu mon cousin, mon cœur était libre, et, comme le tien, ma chère Thérèse, il ne se croyait pas capable d'éprouver jamais de sentiment plus vif que l'amitié. Je craignais même, s'il faut te le dire, le moment où la volonté d'un époux, seul arbitre de ma vie à venir, pourrait me ravir à mon heureuse solitude, à nos jolis bosquets, à nos rendez-vous, à nos jeux. Cependant, je ne pus me défendre d'une vive curiosité, lorsqu'après la déroute du Mans mon frère, arrivé préci-pitamment au château, nous an-nonça que y nous verrions le soir même un jeune officier échappé comme par miracle aux désastres de cette journée, et que c'était le chevallier de Mondyon.

— Le chevalier de Mondyon, m'écriai-je !

— Eh bien ! oui, dit Thérèse, il n'y a rien d'extraordinaire là-dedans.

— C'est le nom de mon cousin, reprit Henriette qui n'avait pas encore remarqué mon étonnement. Il arriva enfin, et j'essaierais inutilement de te peindre l'impression que me fit sa vue. Je sentis que mon existence entière allait dépendre de celle que je produirais sur lui. Elle passa mon espérance. Les nœuds que la conve-

nance avait formés furent resser-
rés par la sympathie la plus vraie.
Une seule inquiétude, mais elle
était affreuse, troublait le charme
de ces momens de bonheur. Peut-
être elle en augmenta le prix, en
leur donnant une ivresse qui manque sans doute à l'amour, quand
on le goûte avec sécurité, sans
rien craindre des hommes et de
l'avenir. Mondyon était poursuivi; chaque témoin de sa présence pouvait être un délateur;
chaque instant de notre félicité
trop rapide, pouvait être le dernier; chaque jour, celui de son
arrestation et de sa mort. Je le
pressai moi-même de hâter son

départ, et de rejoindre les corps errans de l'armée.

— Reste-t-il des corps d'armée organisés, lui dis-je?

— On l'assurait, répondit Henriette en me regardant avec surprise.

— Et où sont-ils, je vous prie de me l'apprendre?

— En vérité, Antoinette, interrompit Thérèse, je ne sais pas où tu vas chercher tes questions? Que devint ton cousin?

— Tu penses bien que mon frère ne négligeait rien pour nous procurer des renseignemens positifs sur la situation des Vendéens, et sur les moyens de les rejoindre. Avant-hier enfin, il nous apporta la nouvelle qu'en effectuant leur retraite ils avaient dispersé les républicains sur quelques points rapprochés, et qu'il en était un où le passage restait libre.

— Et ce point, vous le connaissez, m'écriai-je !

— Ce fut la question du chevalier. Il n'y avait pas un moment à perdre. Ils montèrent à cheval et partirent après de courts adieux, que je tremblais, hélas! de prolonger, car une minute de retard pouvait laisser à l'ennemi le temps de leur dérober cette dernière espérance de salut. Mon pressentiment n'était pas mal fondé, puisque le domestique qui les a accompagnés jusque-là ne s'est échappé qu'avec peine, au retour, entre les colonnes républicaines qui reprenaient possession de tout le pays, et fermaient toutes les issues.

— Possession de tout le pays, et il y avait un passage, murmurai-je entre mes dents, et Mondyon était dans ce château, et Adolphe ne l'a pas su !.....

— Voilà qui est singulier, reprit Henriette ! Il regrettait cet Adolphe dont tu parles, il le nommait souvent, il espérait quelquefois de le retrouver... Te serait-il connu ?

— Très-connu !

— Très-connu, dit Thérèse ! et vous rougissez, et vous tremblez comme Henriette quand elle parle de son cousin.... Je vous sais mau-

vais gré de m'avoir fait des secrets....

Je souris de sa méprise, et la
conversation changea d'objet en
ce moment. Quand nous arrivâmes chez Henriette, la nuit commençait à tomber, et nous ne nous
arrêtâmes point. Nous revînmes à
la ferme en hâtant le pas, afin que
notre absence trop prolongée n'in-
quiétât pas madame Aubert ; et,
préocupés tous les deux de notre
conversation avec Henriette, nous
marchions sans nous parler. Mon
sang bouillonnait à la pensée que
Mondyon avait été si près de nous,
qu'il avait habité cette maison où
j'entrais tous les jours, et que c'é-
tait de là qu'il avait trouvé une

occasion de rejoindre l'armée, occasion qui ne se présenterait peut-être jamais pour moi, à qui elle serait d'autant plus nécessaire que ma position à l'égard de Thérèse, alarmait mon cœur de la honte d'une fraude et de la crainte d'une ingratitude. Dans le désordre où cette idée me jetait, j'avais tellement précipité ma marche que Thérèse ne pouvait plus me suivre. Nous avions déjà passé la grille par laquelle les jardins de M. Aubert s'ouvrent sur la campagne, mais nous étions encore loin de la maison. A l'entrée d'un petit jardin dont Thérèse faisait ses délices, elle se laissa tomber sur une pierre brute qu'on y avait

placée en forme de siége, et autour
de laquelle elle prenait plaisir à
entretenir les herbes sauvages et
les mousses parasites qui croissent
parmi les rochers de la montagne.
Je m'arrêtai, et je remarquai
qu'elle était accablée.

— Tu ne penses qu'à cet Adolphe, me dit-elle d'un air de reproche; et, depuis que nous avons
quitté Henriette, j'ai vu que tu
ne t'occupais plus de moi.

—Chère Thérèse, m'écriai-je !
que tu es injuste, et comme tu
me soupçonnerais peu de te préférer cet Adolphe, dont le nom
m'est échappé, si je pouvais te le
faire connaître ! Que dis-je! ne
faut-il pas que tu le connaisses

enfin, que tu l'aimes pour lui,
que tu lui pardonnes du moins
d'avoir été aimé si long-temps
pour un autre ! Il y a là-dedans,
reprit Thérèse, quelque chose que
je ne comprends point, je ne sais
quoi qui m'étonne et qui m'effraie.
Ne me laisse pas dans cette incertitude ; elle est plus pénible
qu'un chagrin réel. — Thérèse,
tu ne sais pas que tout mon bonheur dépend d'un seul mot ! Je
puis tout perdre ou tout gagner,
car ma vie entière est dans ton
amour que tu vas peut-être m'enlever ; cependant, ce mot qui
décide irrévocablement de mon
sort...... et du tien, il est de
mon devoir de le dire ; et si je

meurs de ta colère ou de ton indifférence, je mourrai du moins
digne de ton estime. — Achève.
— Je ne suis pas Antoinette, je
suis Adolphe; et je tombai à ses
genoux en saisissant ses mains qui
se dérobèrent aux miennes; elle
poussa un grand cri et s'enfuit.

Je n'ai pas besoin de dire que
cet aveu changea sur-le-champ
tous nos rapports; depuis ce moment, Thérèse ne me regardait
plus qu'avec un œil inquiet, comme
si elle avait craint de trouver en
moi un ennemi, et qu'elle se dé-
fiât des sentimens que je pouvais
lui inspirer. L'expression si naïve
et si familière de ses traits était
devenue sérieuse et même som-

bre. Souvent, quand mes yeux rencontraient les siens, et qu'ils les forçaient pour ainsi dire à rester fixés sur moi par l'ascendant qu'exerce un amour fortement senti sur la personne qui l'inspire, le nuage de douleur qui les obscurcissait me causait une sorte de regret et de crainte. Je me trouvais heureux d'occuper sa vie et même de faire naître dans son cœur l'idée des orages qu'éprouvait le mien; mais la pensée que ce pouvait être pour elle un malheur de m'aimer, brisait quelquefois mon âme qui n'avait point de force contre les chagrins de Thérèse. Mes dangers ne m'avaient jamais causé autant d'inquiétude

que mon bonheur. Je désirais bien
que Thérèse fût émue, mais je
tremblais qu'elle ne souffrît. Aussi
j'évitais avec soin, je croyais du
moins éviter tout ce qui était
propre à lui rappeler notre situation réciproque, et ce que je lui
avais dit de mon amour. Tout en
brûlant de l'impatience d'être seul
avec elle, je me félicitais qu'une
personne étrangère vînt se mêler
à nos promenades et à nos entre-
tiens; et, aussitôt que cet étranger
était arrivé, je désirais de nouveau qu'il s'en allât, quoique bien
décidé à ne rien dire à Thérèse et
à ménager son repos. Quand nous
restions ensemble, sa réserve s'augmentait, et elle s'éloignait dou-

cement, de manière à ne plus me
toucher ; aussi, cela ne lui arri-
vait que par méprise, dans un
moment de distraction ou en faisant quelque mouvement involontaire. Alors elle se retirait encore plus loin, et son air devenait
bien plus soucieux. Quant à moi,
comme je ne comptais que sur
ces hasards qui survenaient rare-
ment, je m'étais fait une étude de
les multiplier, parce que c'était
mon seul bonheur. Avec quelle
attention j'épiais dans ses yeux la
moindre de ses volontés pour pré-
venir, pour surprendre le moindre de ses gestes, pour faire concourir avec lui une heureuse maladresse qui rapprochait ma main

de sa main, mon pied de son pied, ma bouche de son épaule ou de son cou! Combien de fois, sous le prétexte de lui présenter une fleur de son jardin, ou bien de lui rendre son ouvrage qu'elle avait laissé tomber, j'ai frémi en touchant ses doigts tremblans, dont l'impression légère allait éveiller dans toutes mes veines un sentiment inexprimable de plaisir! Il y avait, de sa chambre à celle de sa grand'mère, un corridor étroit qu'elle parcourait à tout moment, et où je ne manquais jamais de m'arrêter aussitôt que je pouvais présumer qu'elle allait venir, parce qu'il y avait si peu de place pour deux personnes qu'il était impossible qu'elle y passât sans m'effleurer; et, à mesure qu'elle s'approchait, je recueillais les forces de mon cœur pour supporter la volupté de ce froissement si rapide et si délicieux. Ce hasard me paraissait une faveur, parce que je pensais qu'elle aurait pu l'éviter ou passer autre part, et qu'il n'était d'ailleurs pas concevable selon moi qu'une émotion semblable ne se communiquât pas un peu à la personne qui la faisait naître. J'avais une espèce de certitude qu'une femme dont on serait haï ne produirait pas le même effet sur l'homme qu'elle toucherait en passant, quelque amour qu'il eût pour elle, ou qu'elle ne le toucherait pas ainsi. J'avais remarqué aussi que sa voix n'était plus la même quand elle me parlait, et j'étais si persuadé que l'amour qui a tant de mystères avait jusqu'à un accent, jusqu'à une mélodie qui lui est propre, qu'elle ne m'adressait jamais la parole pour me dire les choses les plus indifférentes, que je ne tremblasse de joie comme si ces riens avaient eu un autre sens que celui qu'elle y attachait; comme si j'étais convenu avec elle d'une clef qui m'expliquerait son langage. Cet état était si peu naturel, ce secret si facile à pénétrer, que mon déguisement lui-même ne me rassurait

pas, et que les témoignages de
son amitié obligée pour Antoinette me donnaient autant d'inquiétude que si c'était à Adolphe
qu'elle les eût adressés. Au reste,
ils me donnaient de la jalousie, et
je n'étais pas moins tourmenté de
ses prévenances devant le monde,
qu'affligé de ses froideurs quand
nous étions seuls. J'avais besoin
d'être moins aimé, ou de l'être
davantage. Ma position était fausse
partout; j'étais Adolphe pour Thérèse quand on nous voyait, parce
qu'alors elle ne trouvait pas de
danger à me laisser voir ce qu'elle
éprouvait; quand nous nous re-
trouvions ensemble, je ne l'étais
plus. Cette idée était si pénible,

qu'au moment où elle m'oppres-
sait, j'aurais quelquefois préféré
une complète indifférence, mais
plus souvent je préférais de souffrir.

De tous les endroits où j'aimais
à cacher mon chagrin, il n'y en
avait point que je préférasse au
jardin de Thérèse, et dans le jardin de Thérèse, au rocher sur lequel elle était assise quand je lui
avais fait l'aveu qui l'éloignait de
moi. Comme elle s'en était aper-
çue, elle y venait beaucoup moins
souvent, de peur de m'y rencontrer, ou bien elle affectait de s'en
détourner par un long circuit, et
d'aller se promener plus loin dans
une allée solitaire, où je ne l'aper-

cevais que d'espace en espace entre les massifs des bosquets et des
vergers. Il y avait déjà plusieurs
semaines que cela durait, et j'é-
tais à mon ordinaire demi-couché
sur le banc, la tête couverte de mes
mains que j'inondais de pleurs,
quand je sentis les doigts d'une
femme s'imposer sur mon cou
avec douceur, mais avec une sorte
d'autorité, comme si elle avait
voulu me prescrire de ne pas la regarder, car elle avait à me dire
des choses dont l'aveu l'embarrassait. Je reconnus facilement Thérèse, et je restai immobile en san-
glotant, parce que je pleurais
quand elle était venue. Elle com-
mença et suspendit plusieurs fois

la phrase qu'elle venait d'arranger,
et puis elle m'apprit d'une voix
émue et tremblante que nous allions nous quitter. Son père, qui
n'avait pas cessé de me prendre
pour une jeune fille, pensait avoir
trouvé un moyen de me faire rejoindre mes parens, ou l'armée à
laquelle ils étaient attachés, et que
j'avais dû suivre avec eux. Il se
flattait de me mettre en tout cas
à l'abri des poursuites et des per-
sécutions; il m'attendait au Mans,
et une lettre transmise par un
homme affidé (c'était celui qui
m'avait conduit à Sancy) en
avait apporté la nouvelle. Après
cela Thérèse croyait me devoir
des consolations; elle s'attendait

à mon désespoir, et quand, hors d'état de me soutenir, je laissai retomber ma tête sur le rocher, elle m'enveloppa de ses bras et m'appela de mon nom d'Adophe. — Adolphe, lui dis-je! O mon Dieu! suis-je du moins Adolphe pour toi? — Adolphe, mon Adolphe, répondit-elle! — Adolphe, m'écriai-je en me levant et en arrachant le bandeau qui attachait mes cheveux! l'Adolphe de Thérèse? Prends garde, car ce mot est un lien irrévocable, un engagement pour toute la vie. — Toute la vie! — Tu m'aimes donc? Elle me regardait d'un air interdit; ses lèvres étaient pâles, elles tremblaient; sa physiono-

mie entière avait changé. — Si je
t'aime! dit Thérèse. — Je crus
mourir, et qu'il eût été doux de
mourir alors! Cependant l'intention de son père était une loi. Le
lendemain tout fut prêt pour mon
départ, et nos adieux devaient
être le plus beau moment de ma
vie, car elle avait promis de m'ac-
compagner jusqu'au-dessus de la
montagne.

Nous montâmes donc le sentier
de la Croix, au-dessus duquel nous
étions convenus de nous quitter,
parce qu'elle se plaignait d'être un
peu malade depuis deux jours, et
que je craignais qu'elle se fatiguât;
mais le temps était si doux, l'air
si serein, la nature si brillante de

5

verdure et de fleurs, que je ne pus
m'opposer à lui laisser continuer
sa promenade, jusqu'à une côte pit-
toresque et ombragée d'arbustes
de toute espèce que nous visitions
souvent ensemble. Au sommet
d'un chemin montant et assez difficile qui conduisait à des vieilles
murailles ruinées depuis des siè-
cles; qui de là se divisait en mille
sentiers à travers des halliers coupés par le hasard, dont les com-
partimens confus formaient une
sorte de labyrinthe; et qui abou-
tissait de bocage en bocage à une
route de traverse, il y avait, sous
quelques buissons d'églantiers, un
petit lieu de halte et de délasse-
ment, où nous nous étions souvent

arrêtés avant qu'elle me connût
pour Adolphe, et où nous avions
passé plusieurs fois des momens
si doux à causer de tout ce qui
l'intéressait, de son père, de sa
mère, du passé, de l'avenir. Cet
endroit était couvert, comme je
l'ai dit, par des rosiers sauvages, dont nous nous étions promis de cueillir les premières fleurs,
et dont nous venions de temps en
temps épier les développemens,
moi pour elle, elle pour moi,
parce que nous rivalisions d'impatience pour nous apporter l'un à
l'autre les premiers tributs de la
nouvelle saison. Depuis l'éclair-
cissement que j'avais été obligé de
donner à Thérèse, nous ne fai-

sions plus de ces promenades, et
il y avait déjà long-temps que
nous n'avions vu la butte des rosiers. Quand Thérèse y arriva,
elle témoigna je ne sais quel trouble, et recula d'un pas. Je compris son étonnement, ou pour
mieux dire son effroi, et je fus
près d'abord d'y céder comme
elle. Cependant je pris sa main;
je la conduisis jusqu'au lieu où
elle avait coutume de s'asseoir, et
sur lequel les jeunes pousses de
la haie retombaient en longues
guirlandes. Je m'y arrêtai; et,
comme je remarquai qu'elle hési-
tait, vois-tu, lui dis-je, les églantines sont écloses; c'est moi qui
les ai aperçues le premier. — Le

premier, dit-elle!... — Je savais
bien que notre position était
changée, mais ce mot me le rap-
pela d'une manière presque douloureuse; nous allions nous quitter bientôt, peut être pour toujours, et il était cruel de sa part
de me reprocher le bonheur que
j'avais dérobé à sa confiance. Ma
physionomie dut même exprimer
ce sentiment, car elle me dit en
souriant : puisque c'est toi qui les
a vues; donne-moi une de ces
églantines; je la garderai toute ma
vie.

Je cueillis quelques églantines,
et je vins m'asseoir à côté d'elle.
Je les répandis sur ses genoux,
    son mouchoir, sur ses che-

veux. Elle en prit une, la regarda long-temps, me regarda ensuite d'un air sombre, et l'effeuilla par mégarde. Je lui en présentai une autre, mais je recueillis les feuilles qui tombaient sous ses doigts, et, à mesure que je les saisissais, je les appuyais sur ses lèvres, je les reprenais après elle, et je les portais sur les miennes, tout humides encore du côté que ses lèvres avaient touché. Pendant quelques minutes, je jouis de cet artifice sans qu'elle s'en aperçut; mais aussitôt qu'elle le surprit, elle parut s'en alarmer. Elle me disputa la feuille que je lui avais ravie, elle refusa celle que je lui présentais. — Eh quoi! lui dis-je,

quand nous allons nous séparer,
Dieu sait pour combien de jours,
de mois ou d'années, tu ne per-
mettras pas à ton Adolphe, que tu
ne reverras peut-être plus, de
chercher l'impression de ta bouche sur les débris d'une églantine!
Oh! je crois en vérité que mon
cœur est innocent comme le tien;
mais je ne comprends rien aux
idées des hommes, s'il y a un
crime entre nous quand un baiser de la bouche de Thérèse est
transporté sur celle de son Adolphe par une feuille de rose. D'ailleurs, penses-y bien, je vais le
dire à ton père, et je suis sûr de
le dire sans rougir. Un jour enfin..... si je ne meurs pas à la

guerre, tu m'accorderas des baisers plus doux.....

— J'aime à te croire, me dit-elle; mais il est possible que cela soit mal aujourd'hui, cela est même vraisemblable, puisque je suis mal à mon aise, que je tremble et que j'ai peur. Je serais plus tranquille si je n'avais pas déjà quelque chose à me reprocher.

— Et crois-tu, repris-je, que mon cœur soit plus paisible lui-même? C'est l'effet, n'en doute pas, de ce sentiment inconnu dont Henriette nous parlait il y a deux mois, et que nous éprouvons comme elle. Au reste, Henriette sait aimer! Elle ne refuserait pas à Mondion le bonheur d'attacher sa bouche à une petite fleur qu'elle aurait pressée contre la sienne.

— Et moi, dit Thérèse, je ne t'aime donc pas?....

Elle prit une feuille de rose sur mes lèvres, et la mit entre ses dents. Je la rapprochai de moi, je la regardai, et je me détournai d'elle, parce que mon cœur se brisait, et que je conçus, je ne sais quelle idée, un de ces pressentimens bizarres qui offusquent l'esprit dans la fièvre et dans le sommeil, la persuasion que tout mon bonheur serait court et que je n'embrasserais Thérèse qu'une fois. Son teint était animé d'une manière extraordinaire; sa main brû-

lait et tremblait en même temps;
j'aurais voulu me rendre compte
de mon état. Je ne savais rien,
mais la pensée de la mort ne
m'effrayait pas comme elle doit
effrayer les hommes. Il me semblait que cela serait très-bien.

Pendant ce temps-là, les domestiques qui nous suivaient par-
vinrent au bas de l'avenue; c'é-
tait le moment de partir. Il ne
restait plus qu'une feuille à la dernière églantine que je lui avais
donnée. Je la détachai, je l'imprimai fortement sur sa bouche, et
j'y collai la mienne en ramenant
Thérèse sur mon sein. Je ne sais
comment je parvins à l'y retenir.
Cette feuille, rien que cette

feuille......Ma vue s'obscurcit, ma
poitrine se gonfla, je perdis la respiration, la connaissance, le sentiment de la vie, et quand je revins à moi, j'étais seul.

Je me hâtai de gagner le chemin de traverse, parce que je me
rappelais qu'il y avait un endroit
d'où le sentier de la Croix se laissait apercevoir , et que j'espé-
rais y voir Thérèse à son passage.
Soit que le hasard eût servi mes
désirs, soit que Thérèse, animée
de la même pensée , se fût arrêtée
dans ce court intervalle du coteau,
qui paraissait de loin comme en-
cadré entre un groupe d'arbres et
une masse de rochers, je la vis
immobile et tournée contre moi,

je le pensai du moins, et je me persuadai follement que mon dernier adieu pouvait parvenir jusqu'à elle ; ma bouche balbutia un mot, je dis *adieu !*... comme si elle m'avait entendu ; et, lorsqu'elle eut passé, je l'accusai dans mon cœur de m'avoir quitté trop vite, quand il me restait tant de choses à lui expliquer, à travers la distance qui nous séparait. Si elle s'était au moins assise pour que je pusse la regarder encore!.. Pour moi, je n'avais pas détourné ma vue un seul instant du petit espace que je l'avais vue franchir comme une ombre. Il me semblait qu'il était impossible qu'elle n'éprouvât pas le besoin de revenir à moi,

comme moi celui de retourner à
elle, et je croyais toujours qu'elle
reviendrait là un moment, dans
la seule intention de reconnaître
le lieu où nous venions d'être ensemble : le jour n'était pas avancé ;
cet endroit n'était pas loin de
Sancy ; elle pouvait, elle devait
revenir ; il y avait d'ailleurs jusque dans ce point de vue des en-
chantemens pour mon cœur ;
toute cette place, elle l'avait
parcourue, elle l'avait occupée
en différens momens ; tous ces
contours de la montagne, ses
pas les avaient suivis. Ces arbres
l'avaient couverte de leur ombre,
ces rochers avaient été effleurés
de ses vêtemens ; le ciel même,

qui faisait le fond de ce tableau où
elle m'avait apparu, était d'une
pureté sans mélange. Il n'y avait
pas un nuage, pas une vapeur
qui se fût dissipée avec elle; c'é-
tait le ciel, la lumière, l'air qu'elle
avait touché. ...

Ma vie est marquée de si peu
d'époques heureuses, que celle-ci,
dans son indicible tristesse, remplit encore mon cœur du sentiment d'une pure félicité; j'espé-
rais. Ma main venait de quitter
sa main, je sentais à une douce
tiédeur l'empreinte de ses doigts
qui avaient été liés aux miens;
l'arc si régulier et si délié qui
couronne ses yeux, le regard si
doux qui s'en échappe, je voyais

cela, et j'enflammais ce regard
des feux d'un amour semblable à
celui que j'éprouvais. J'avais dérobé un jour quelques-uns de ses
cheveux; mais, avare du plaisir de
les presser contre mes lèvres, je
les avais attachés dans les plis d'un
ruban qui me venait d'elle, et que
je portais près de mon cœur. Dans
le mouvement que je fis pour chercher ce ruban, je vis tomber, sur
le sable où j'étais assis, une feuille
de rose déchirée; je la regardai,
je la reconnus, je ne m'y serais
pas mépris mille ans après, mais
je sentis qu'elle brûlait encore.

A mesure que je m'éloignais de
Sancy, je croyais éprouver que
les liens de ma vie se relâchaient,

se rompaient les uns après les autres, et qu'il n'y avait plus rien
qui pût m'y rattacher ; le monde
que j'avais trouvé si étroit pour
mon cœur, quelque temps auparavant, était devenu un désert
sans borne, dans lequel, à l'excep-
tion d'un seul point, je n'apercevais de toutes parts que la solitude et le néant ; et je m'étonnais
que ce point vers lequel se réfu-
giaient tous mes vœux, toutes
mes espérances, toutes les forces
de mon âme, je fusse forcé de le
quitter pour obéir à quelques mal-
heureuses convenances établies
à mon insu entre les hommes. J'y
tournais mes regards, j'y fixais
toutes mes pensées ; je maudis-

sais les devoirs qui m'assujettis-
saient à la fatale obligation de
m'en éloigner peut-être pour toujours ; et qui sait dans quel motif, inutile à mon bonheur, inutile
à celui des autres, que la société
me présentait comme un appât
pour me priver des avantages de
ma destinée ! La société ! . . . .
comme je concevais amèrement
qu'il était possible de la haïr, et
que les excès de ces âmes vio-
lentes qui en préparaient la disso-
lution sans le savoir, pouvaient
bien n'être que l'explosion tardive
des sentimens de l'homme naturel, réprimés pendant tant de siè
cles ! Comme j'ambitionnais quelquefois d'assister à l'accomplisse-

ment de leur funeste mission ! la société pouvait-elle être un bien, quand c'était elle qui me séparait de Thérèse, qui m'empêchait de me saisir d'elle du droit de la force et de l'amour, et de l'emporter dans mes bras, palpitante d'un mélange de terreur et de joie, jusqu'au fond de quelque vallée hospitalière, favorisée d'un ciel tempéré, rafraîchie par des sources pures et ombragée d'arbres fruitiers de toutes saisons ! Mon père m'avait parlé de ces belles campagnes du Nouveau-Monde où il avait essayé ses armes, et mon sang bouillonnait quand je pensais que j'aurais pu y naître à côté d'elle, y vivre son frère,

son ami, son amant, son époux,
au milieu des biens que prodi-
gue à leurs habitans une nature sauvage et libre, et que j'y
aurais accompli sans trouble les
années qui m'étaient réservées,
exempt de tous les tributs impo-
sés à l'homme civilisé par le ca-
price des bienséances, la routine
des coutumes ou la tyrannie des
lois. Que m'importait à moi,
orphelin, désormais sans famille
et sans nom, le sort futur des
états, et le succès heureux ou
malheureux de cette lutte convul-
sive qui épuisait en efforts sans
doute impuissans les dernières
facultés d'une génération vouée à
tous les malheurs ? Elle m'était

étrangère. Quelle nécessité si im-
périeuse me faisait courir de nouveau les hasards d'une guerre
inutile et sanglante, et me forçait
à rentrer dans une carrière où je
ne pouvais imprimer un seul de
mes pas sans m'éloigner plus irrévocablement du seul être vivant
qui eût vraiment besoin de ma vie
et qui m'eût consacré la sienne ?
Savais-je seulement si le sacrifice
incroyable de tous les intérêts, de
tous les sentimens, de l'existence
toute entière, si le sacrifice mille
fois plus pénible de l'existence
d'un ange dont le bonheur dépendait de moi, me défendrait un
jour du magnifique dédain des
nobles de cour, de l'ingratitu-

de et des rebuts de leurs maîtres;
s'il ne deviendrait pas un titre de
reproche contre les infortunés qui
partageaient mon sort, et si l'histoire, vendue à un parti triom-
phant, n'oserait pas nous pour-
suivre jusque dans le tombeau
de ce nom de brigands, ironie
barbare du vainqueur ? Je frémis
à cette perspective, et puis je
souris, car les motifs que j'oppo-
sais à ma résolution, étaient précisément ceux qui devaient la
fonder et l'affermir. Jamais un
noble cœur ne s'engage aussi
avant dans une entreprise où il n'y
a rien à gagner que lors qu'il y a
tout à perdre. On ne se détache-
rait pas de ses habitudes, de ses

affections , de ses prétentions au bonheur ou à la renommée , s'il ne s'agissait de mourir.

En général, et je révèle ici tous les secrets de mon âme, lorsque j'ai éprouvé quelques faibles hésitations, pareilles à celles que je viens de raconter, elles n'ont duré qu'un moment, et je me flatte qu'il ne faudra qu'un moment pour les expier.

Quand j'arrivai près du Mans, le jour n'était pas tout-à-fait tombé. Cependant, comme j'allais chez mon protecteur, et que je devais éviter de le compromettre, je n'étais pas maître de toutes mes démarches. Ma vie seule dépendait de moi; j'avais tout à ménager pour celle des autres. Je résolus d'attendre la nuit pour m'introduire dans la ville. A peu de distance, j'avais remarqué une petite pièce de verdure, couverte d'espace en espace de quelques arbres plantés sans ordre, et dont le gazon court et foulé recouvre à peine la terre, parce que les jeunes filles des environs viennent souvent y danser dans les belles soirées de l'année. Je m'y arrêtai sur un banc circulaire adapté à la tige d'un vieil orme, en me tournant vers la partie de l'horizon où est située la ferme de Sancy. Les vapeurs du soir qui s'accumulaient vers le couchant commençaient à s'étendre de mon côté, et je me plaisais à voir ces nuages colorés

des derniers feux du jour, se dé-
rouler, s'aplanir, se diviser en
flocons, en nappes, en réseaux,
d'abord suspendus à la voûte do-
rée de l'occident comme des dra-
peries roses, puis se développant
lentement en ombres cuivrées,
violettes ou noirâtres, avant de
disparaître dans l'obscurité de la
nuit. Leur passage rapide et leurs
formes variées semblaient multiplier par autant de messages les
derniers adieux de Thérèse. Cha-
cun de ces nuages avait passé sur
sa tête, elle les avait vus, elle les
regardait encore; la même idée
l'occupait peut-être, et mes yeux
pouvaient se trouver attachés au
même endroit que les siens sur

cette figure confuse qui s'évanouis-
sait entre nous et qui emportait
avec elle nos derniers regards.
Étais-je sûr de revoir jamais un
nuage qu'elle aurait vu ?

Comme il faisait très-beau, les
jeunes filles ne manquèrent pas
d'arriver à leur rendez-vous du
soir, et de former autour du vieil
orme, où j'étais assis par hasard,
leurs danses accoutumées, en chantant en chœur des airs de ronde qui
m'étonnaient par leur simplicité et
leur grâce, parce que l'exil et la
guerre m'avaient privé de trop
bonne heure de ces innocentes
joies de l'enfance. J'en comprenais cependant la douceur, et je
regrettais, les yeux mouillés de

larmes, de n'avoir pas vécu dans un temps et dans un état où il fût permis d'être si facilement heureux. L'amour lui-même se mêlait à ces plaisirs, car il y avait à chaque groupe quelques jeunes hommes de mon âge qui se disputaient à tous les refrains l'inappréciable faveur d'un baiser de préférence. Je ne me rappelle pas bien l'air et les paroles de ces chansons-là, mais il me semblait qu'elles ne vibreraient jamais à mon oreille sans que mon cœur en tressaillît, tant elles me révélaient de choses charmantes. Cependant, ce n'était rien en soi, ou plutôt cela serait impossible à exprimer à ceux qui n'ont pas senti la même chose.

C'était, si je m'en souviens, une belle qui s'était endormie au bord d'une fontaine, et que son père et son fiancé cherchaient sans la trouver. C'étaient des filles de roi chassées de leur palais qui se réveillaient dans la forêt un jour de bataille, et qui faisaient plus de vœux pour leurs prétendus que pour la couronne. C'étaient les regrets des bergères qui s'affligent de ne plus aller au bois parce que les lauriers sont coupés, et qui aspirent après la saison qui doit ramener leurs danses et leurs amours.

Je m'étais trouvé enfermé dans le cercle des jeux; j'y avais été retenu d'abord par la curiosité

d'une sensation nouvelle, et puis
par cette satisfaction d'une âme
fatiguée qui trouve à se délasser
dans des émotions douces, et puis
enfin par un intérêt d'une espèce
singulière qui aurait absorbé tous
mes autres sentimens, si je n'avais
pas connu Sancy. Plusieurs fois
le nom de Jeannette, ce nom attaché à une jeune personne dont la
candeur, la franche gaieté, l'air
de bien-être et de contentement,
reposaient agréablement la pensée;
plusieurs fois, dis-je, il avait frappé mon oreille et retenti jusqu'à
mon cœur. Je m'étais d'abord
placé à côté d'elle, je la regardais,
je comparais notre taille et nos
habits, je me demandais si c'était

Jeannette, et au moment où je me croyais près de me confirmer dans mes conjectures, elle se perdait comme à dessein au milieu de la foule. Enfin, les combinaisons d'un jeu nouveau me rapprochèrent d'elle, et une loi de ce jeu me prescrivait de lui dire un secret. Je m'emparai de sa main, je la portai sur mon sein, j'attachai mes yeux sur ses yeux, de manière à la forcer de soutenir un moment mes regards, je laissai retomber une tresse de mes cheveux, comme ils étaient dans le désordre de ma fuite, et je me penchai sur son épaule pour n'être entendu que par elle : Jeannette, lui dis-je, Dieu te récompensera, parce que tu as pris pitié d'un pauvre brigand !... Elle poussa un cri, et tremblant de mon imprudence et de la sienne, elle déguisa son effroi sous je ne sais quel prétexte, après quoi elle rejoignit ses compagnes.

Il était fort tard quand j'entrai dans la ville, et l'obscurité favorisait mes desseins. J'arrivai assez facilement à la maison de M. Aubert, parce que Thérèse me l'avait indiquée avec beaucoup de soin, et le vieux domestique qui vint m'ouvrir me reconnut d'abord pour m'avoir vu quelquefois à la ferme, quand il y était envoyé par son maître. Je fus frappé de sa tristesse et de son abattement;

et je n'eus pas de peine à m'apercevoir, à la lueur de la lampe qui
éclairait son visage, que des pleurs
tout récens avaient mouillé ses
paupières. Cependant, il ne pro-
féra pas une parole tant que la
porte fut ouverte; mais à peine
l'eut-il laissé retomber sur ses
gonds, qu'il se hâta de déposer la
lampe qui vacillait dans sa main
tremblante, tomba sur une chaise,
et m'apprit, en fondant en larmes, que M. Aubert était arrêté. —
Arrêté! m'écriai-je. — Il y a deux
jours. — Et pourquoi? — Sait-on
pourquoi on est mené dans les
prisons, et des prisons à l'échafaud? me dit-il en secouant la
la tête; mais cela ne pouvait pas

manquer tôt ou tard, continua-t-
il. C'était un trop honnête homme
pour ces gens-ci, et depuis long-
temps je pensais bien à part moi,
qu'ils finiraient par le tuer pour
le punir de n'être pas méchant
comme eux. — Ils ne le tueront
pas, où je mourrai près de lui !...
— Antoinette ! reprit le vieillard
étonné. — Qu'étais-je en effet, et
comment pouvais-je essayer de
délivrer à mon tour mon généreux libérateur, sans achever de
le perdre ?

Il fallait cependant tout entreprendre, et, pour parvenir à quelque chose, il fallait communi-
quer avec lui. Cela n'était pas aisé.
Huit jours entiers se passèrent

avant de rien obtenir, parce que
M. Aubert était au secret, et la
permission enfin accordée à nos
prières ne regardait que Dominique. En même temps, la corres-
pondance de M. Aubert lui fut
remise toute ouverte par le gar-
dien de la prison. C'étaient deux
lettres de Sancy, postérieures à
mon départ.

Je passai le jour à attendre
dans une anxiété inconcevable,
non que j'eusse entrevu la moindre possibilité de sauver M. Aubert par un coup de main hasar-
deux, ou que l'état des choses fût
tellement désespéré pour lui qu'il
ne me restât, de toutes mes
hypothèses, que la certitude

de sa perte; mais parce qu'un sentiment indéfinissable me rendait le retour de Dominique de plus en plus nécessaire, comme si ma vie avait dépendu de ce qu'il aurait à me dire. Quand il rentra, je cherchai impatiemment à lire dans ses yeux s'il y avait quelque circonstance nouvelle qui pût justifier mes craintes. Il me parut tranquille, et sa tranquillité ne me rassurait point. Enfin, il s'assit, et tira d'un pli de ses habits une lettre à l'adresse d'Antoinette, dont je m'emparai avec empressement. Elle était conçue en ces termes :

« Chère enfant, lorsque j'écri-
» vis à Thérèse de vous envoyer

» au Mans, je me croyais sûr de
» pouvoir vous rendre avant peu
» à votre famille. Vous savez
» combien mon sort est changé,
» et l'intérêt que vous y avez pris
» m'est connu. Mon seul malheur
» est maintenant de ne pouvoir
» mettre un terme au vôtre. Je
» n'ai d'ailleurs aucun danger per-
» sonnel à courir, ou plutôt j'ai
» une certitude si positive d'échap-
» per incessamment à tous les
» dangers qui me menacent, que
» si je vous recommande de dé-
» truire ma lettre, c'est dans la
» vue de ne pas compromettre
» vos secrets et votre existence.
» La mienne est devenue inutile
» aux malheureux, et si elle de-

» vait se terminer à la suite d'un
» jugement, la confiscation pri-
» verait ma famille de ses derniè-
» res ressources. C'est [pour cela
» que j'ai résolu d'être libre, et
» que je m'en suis ménagé les
» moyens. Je vous jure que tout a
» réussi pour cela à ma satisfac-
» tion. Dans l'état où ce dernier
» événement vous laissera, je ne
» vois rien de mieux à faire pour
» vous que de retourner à Sancy.
» Je vous y engage d'abord dans
» votre intérêt, parce que cette
» maison restera votre asile tant
» que vous aurez besoin d'un asile.
» Plus tard, d'ailleurs, ma fille
» peut devoir son bonheur à la
» liaison qu'elle a contractée

» avec vous, et trouver dans votre

» amitié, dans votre protection,

» le prix des faibles services de

» son père. Elle a besoin de vous

» dès aujourd'hui. On m'écrit à

» deux reprises qu'elle est malade,

» qu'elle est fort malade, et j'ai

» peur encore qu'on ne me dissi-

» mule à quel point la vie de ma

» Thérèse est compromise. Allez

» donc à Sancy, chère Antoinette!

» c'est son père qui vous en prie!

» et surtout ne parlez pas de ma

» captivité, ni devant ma vieille

» mère, ni devant ma pauvre

» Thérèse. Je vous répète que

» cela n'en vaut pas la peine. Ma

» captivité va finir.

JULES AUBERT. »

Cette lettre me causait de vives alarmes sur le sort de Thérèse. Elle ne me rassurait que faiblement sur celui de M. Aubert, dont je ne comprenais point les ressources et les espérances. La permission de Dominique lui donnait le droit d'entrer dans la prison tous les jours. Je résolus d'attendre au lendemain. Ce jour-là, Dominique revint de très-bonne heure, après une absence si courte, qu'elle m'avait à peine donné le temps de l'impatience et de l'inquiétude. Il était rayonnant de joie. Notre maître n'est plus en prison, me dit-il quand il eut pris le temps de rassembler ses idées et la force de se faire entendre.

— Il n'est plus en prison! m'é-
criai-je. Mais où est-il? le savez-
vous?

Dominique me regarda d'un air
embarrassé. — Je n'en sais rien à
la vérité, mais ce qu'il y a de certain, c'est que M. Aubert n'est plus
dans la prison où je l'ai vu, et qu'il
n'a été transféré dans aucune autre.
Je m'en suis assuré moi-même, et
partout. Le concierge m'a répondu
d'ailleurs d'un ton de voix sombre
et avec un regard affreux, comme
l'assassin qui a perdu la trace de
sa victime avant de l'avoir ache-
vée. Il m'a dit brusquement : Il n'y
est plus. Je lui ai reparti : Est-il
dans une autre maison? Il m'a répondu, Non, et il a repoussé la

porte sur moi. Vrai comme Dieu est Dieu, continua Dominique, je vous proteste que notre maître est sauvé.

Je relus la lettre de M. Aubert. Elle avait quelque chose de vague qui m'effrayait au premier abord; mais je trouvai qu'elle pouvait se prêter à cette explication. Au moment où j'y réfléchissais, le bruit de l'évasion de plusieurs prisonniers parvint jusqu'à nous, et me confirma dans cette idée. Je n'avais donc plus qu'à remplir les intentions de mon bienfaiteur, et qu'à satisfaire au besoin de mon âme qui était tourmentée des plus cruelles angoisses, depuis que je me représentais Thérèse malade,

peut-être mourante, et appelant
en vain son père et moi. J'embrassai Dominique et je partis.

Quoiqueje retournasse vers Thérèse, et que peu de jours auparavant je n'eusse pas conçu de plus
grand bonheur ; quoique je l'ai-
masse plus que jamais, je marchais pénétré de tristesse, et aussi
lentement que si je n'avais jamais
eu à la revoir. Je ne m'étais pas
encore trouvé si faible et si mal
au monde. Il y avait devant mes
yeux comme un nuage de douleur
qui obscurcissait jusqu'aux plus
doux souvenirs de ma vie. L'incertitude où j'étais du sort à venir de
M. Aubert, le doute où il m'avait
laissé sur le véritable état de Thé-

rèse, la crainte de la trouver dans une position dangereuse, l'ennui même de cet habit qui cachait mon sexe, qui commençait à le mal déguiser, et qui devenait à charge à mon impatience et à mon courage; je ne sais enfin quel besoin de mourir, qui est peut-être dans les hommes très-malheureux le pressentiment des malheurs prêts à finir, tout cela agissait à la fois sur mon imagination et sur mon cœur. Il me semblait que j'arriverais toujours trop tôt où j'allais et qu'il vaudrait mieux ne pas arriver.

Je m'assis au-dessus de la montagne de la Croix pour regarder la maison. Rien n'était changé. Il n'y avait là aucun mouvement inquiétant. Les cultivateurs étaient à leurs travaux ordinaires. L'air était calme et doux, et l'on s'imagine que si on avait des motifs réels de souffrance, la nature entière devrait y prendre part. Je contemplais cependant avec un effroi involontaire ce hameau qui m'avait vu si heureux, et je tremblais d'y rentrer.

Dans ce moment, j'entendis quelque bruit derrière moi, dans le hallier; je me détournai pour savoir d'où il provenait; c'était une femme qui était encore éloignée, mais que je reconnus à travers un étrange désordre de physionomie pour Henriette de F...
Au premier abord je crus rêver;

ses cheveux étaient épars, sa robe déchirée, ses pieds nus; elle montait avec l'agilité d'un fantôme sur les pointes aiguës des rochers, en chantant des refrains de romances, et en riant par accès; un homme la suivait de loin, l'œil attentif à tous ses mouvemens, l'air affligé et pensif, je le reconnus aussi pour un de ses domestiques. Il m'avait aperçu en même temps, ou plutôt il avait aperçu Antoinette, car je n'étais que cela pour lui. Il porta la main à son front avec un mouvement de tête qui exprimait la plus vive douleur, pour me faire comprendre qu'Henriette était folle. Je me levai et je courus à elle; ses grands yeux s'arrêtèrent fixement sur moi; elle resta debout sur le roc à la pointe duquel elle venait de s'élancer, en manifestant par son attitude immobile et réfléchie le désir de se rappeler quelque chose. Le rire qui volait d'instant en instant sur sa bouche ne s'effaça pas tout-à-fait, mais ses paupières se mouillèrent bientôt de pleurs abondans, et ce contraste avait quelque chose d'horrible; à mesure que je l'avais vue de plus près, j'avais mieux remarqué l'égarement de ses traits, la bizarrerie de ses ajustemens. Elle portait en écharpe un mouchoir rouge comme nos officiers; ses longs cheveux bruns, qui retom-

baient de côté et d'autre devant
elle, étaient semés de soucis et
de ces fleurs d'un violet foncé,
qu'on appelle je crois des ancolies;
ses bras fortement hâlés par le
soleil, sortaient à nu des man-
ches courtes de sa robe noire ; ils
étaient déjà maigres et flétris
comme si la mort les avait touchés.

Tu ne sais pas, Antoinette,
me dit-elle : ces gens-là ont tué
Mondyon, tué, tué....

— Mondyon est mort! m'é-
criai-je; serait-il vrai ?

Elle prit la position d'un homme
qui en met un autre en joue : Pas
comme cela reprit-elle; puis elle
leva la main, et la laissa retomber le long de son cou avec

un éclat de rire affreux; je ne
comprenais pas bien ce geste,
elle éclaircit mon doute en le re-
commençant; le domestique qui
la suivait inclina la tête d'un air
affirmatif.

Mondyon ! mon pauvre Mon-
dyon !... Je cherchais une épée,
j'avais une robe, l'habit d'une
femme !.. Henriette elle - même
n'était plus présente à ma pensée,
mais elle s'occupait encore bien
moins d'Antoinette et de tout ce
qui restait au monde. Quand je
relevai les yeux vers l'endroit où
je l'avais vue, elle était déjà très-
loin. Elle avait repris le refrain
monotone de sa chanson, et sautil-
lait de roc en roc au sommet de

la montagne. Je tombai d'accablement sur celui qu'elle venait de quitter, et où ses pieds déchirés avaient laissé une trace de sang.

Mondyon est mort! dis-je en mordant la terre ; mon père est mort! ma malheureuse mère, que j'ai à peine embrassée, est morte avant le temps, morte dans un cachot... Tout ce que j'ai aimé, dévoué à l'échafaud..., sacrifié aux absurdes rêveries de quelques forcenés... et j'ai des habits de femme ! O Adolphe ! vous avez des habits de femme, et vous ne manquez pas cependant des vêtemens et des armes d'un homme; tout cela est à votre disposition, et vous portez des ha-

bits de femme, et vous croyez
jouir de votre force et de votre
raison ! ah ! cette pauvre créature,
cette femme, privée de sens, qui
vient de vous parler, qui vous mé-
priserait si elle savait qu'un soldat
est caché sous les habits de la ser-
vante de ferme ; Henriette est mille
fois plus homme que vous : s'il
lui restait, comme à vous, un
morceau de fer qui pût donner la
mort, elle vengerait Mondyon,
et ne pleurerait pas inutilement
sur des malheurs qu'à votre place
elle aurait dû partager. Voilà qui
est bien, repris-je en me levant ;
Thérèse est malade ; son père,
lui-même, qui a sur moi l'autorité la plus sacrée, a voulu que je

vinsse auprès d'elle. Je la verrai, je la servirai, je m'assurerai qu'elle n'a plus besoin de ma présence, et je la quitterai demain, et j'irai mourir aussi ! Thérèse est tout mon bonheur, mais l'honneur est tout avant elle ! De quel droit vivrais-je quand ils sont morts? et comment vivrais - je ? Grands dieux ! daignerait-elle supporter les regards d'une faible et indigne créature qui survit à ses amis, qui ose attester leur mémoire, et qui n'a pas racheté leur sang ! Je m'arrêtai, je m'étreignis de mes propres bras, comme si mon père m'avait enveloppé des siens. Je me dis, avec une autorité qui ne venait pas de moi, qui appar-

tenait à une puissance supérieure
à ma volonté: Adolphe, allez
mourir!... Le poids qui m'ac-
cablait diminua, mon cœur s'épa-
nouit comme il doit le faire à la
première volupté de la vie; je sentis que j'agissais sur les faiblesses
de mon âme d'une force irrésis-
tible, et cette idée me pénétra
d'une joie encore inconnue; je ré-
pétai à voix haute : Adolphe, allez
mourir!.. et je répondis :J'y vais.

J'arrivai à Sancy sans trouver
personne, ou plutôt j'évitai quelques enfans qui gardaient leurs
troupeaux sur les revers de la
côte, et qui auraient pu me dire
ce qui se passait. La porte était
ouverte, les domestiques n'y

étaient point. Thérèse couchait dans la seconde chambre, il y avait beaucoup de monde, les domestiques, les amis, les voisins, les médecins auprès de son lit. J'entrai le plus doucement possible ; mais je remarquai qu'on parlait ; je m'avançai, sans précaution, jusqu'à l'endroit où elle devait me voir. Elle ne me vit cependant point ; je ne compris pas précisément pourquoi ; une fille se pencha vers elle, et lui dit, avec une expression singulière : Antoinette est arrivée!... J'observai un mouvement, et j'entendis un cri sourd, un cri voilé qui ne me rappelait pas distinctement la voix de Thérèse ; elle se souleva sur son lit, et deman-

da : Où est-elle ? Ce n'était pas Thérèse comme je l'avais vue ; son
teint était animé d'un éclat extraordinaire, qui contrastait avec la
pâleur livide de son front ; ses
yeux étaient tournés sur moi, et
je ne trouvais pas ses regards. Je
songeai à la petite vérole que je
devais avoir eue peu de temps
après ma naissance, à ce que m'a-
vait dit ma mère, et dont je ne
connaissais point les effets. Confir-
mé dans cette idée par un mot
échappé à l'une des personnes qui
étaient là, je fus frappé de la
pensée que la petite vérole faisait
quelquefois mourir, et que Thérèse avait une maladie mortelle :
ce fut l'affaire d'un moment, mais

ce moment usa tellement ma vie,
que j'éprouvai que le bonheur
même ne la prolongerait pas. « Oh!
n'approche pas, dit Thérèse,
n'approche pas, si tu n'as pas eu
la petite vérole !.. — J'ai eu la
petite vérole, « lui dis-je en m'appuyant sur son lit, car j'avais peine
à me soutenir , et en couvrant de
baisers et de larmes sa main qu'elle
venait de m'abandonner : « J'ai eu
la petite vérole. » Je n'en étais pas
bien sûr, et combien j'aurais voulu
être sûr du contraire pour espérer
de souffrir du même mal , et de
courir les mêmes dangers !....

Thérèse avait pressé ma main;
elle l'avait portée sur sa bouche.
Je l'avais embrassée aussi. Elle m'a-

vait repoussé un peu. Ses lèvres
étaient sèches et ardentes. Quand
j'eus reposé, calmé le trouble de
mon âme, je remarquai qu'il n'y
avait plus personne autour de nous,
et que Thérèse avait recouvert son
visage de son drap. Je compris,
je crus comprendre son intention. Je me révoltai contre l'idée
qu'elle ne me croyait pas digne de
la regarder et de l'aimer dans la
laideur de sa maladie. « Tu n'aimes
plus ton Adolphe, lui dis-je à voix
basse, puisque tu ne veux plus le
voir. — Adolphe, dit-elle beaucoup plus bas... Songe donc que
tu te nommes... — Ils sont sortis,
continuai-je. Il n'y a plus que toi
et que ton Adolphe que tu ne veux

pas voir. » Elle serra ma main, souleva sa tête et la laissa retomber sous ce drap qui la couvrait comme un linceuil. Cette pensée me déplaisait. Je voulus l'arracher, elle le retint. « Que je ne veux pas voir, murmura-t-elle avec un sanglot qui me brisa le cœur! Dis que je ne peux plus le voir, et que je ne le verrai plus. Thérèse n'est plus rien pour Adolphe qu'un spectre, que la tête du squelette qui roule dans les cimetières. Elle n'a plus d'yeux! — Tais-toi, lui dis-je en la rapprochant de moi; ton pauvre esprit s'égare; il est affaibli et troublé par ton mal. S'il ne t'abusait toi-même, tu ne me tromperais pas si cruel-

lement. » Elle rejeta le drap et se
tourna vers moi comme si elle
m'avait regardé. Je ne lui vis pas
d'yeux, mais je n'avais jamais remarqué les effets de la petite vérole,
et je ne m'en formais qu'une idée vague. » C'est un accident commun,
lui dis-je, qui ne dure qu'autant
que la maladie et qui ne doit pas
t'effrayer. » Elle sourit, saisit mes
doigts, les porta vers l'orbite de
ses yeux et les appuya dans sa profondeur. Il était vide. Je tressaillis
malgré moi, car j'aurais voulu lui
dérober ce que j'éprouvais, mais
j'avais les mains engagées dans les
siennes; elle les pressa vivement
et puis les abandonna, comme si
elle avait voulu me rendre la li-

berté. Je la devinai, je repris ses mains, je les retins avec force. Je pleurais amèrement. « Thérèse, m'écriai-je, que ceux qui aiment comme vous sont heureux! Qu'ils ont de liens souples et faciles! Vous auriez abandonné Adolphe aveugle! » Elle voulut m'interrompre. Je continuai. « Adolphe que vous avez recueilli, que vous avez nourri, que vous avez sauvé, je n'ose plus dire, hélas! que vous avez aimé! vous l'auriez abandonné pour un malheur de plus! votre pitié allait jusque-là et pas plus loin! Un coup de feu pouvait aussi m'enlever les yeux, et Adolphe alors n'avait personne qui l'aimât, qui le conduisît, qui reçût pour lui l'aumône de la charité! C'est ainsi que tu m'aimais, c'est ainsi que vous aimez! Oh! j'espère bien que vous n'êtes pas aveugle; mais, si vous l'étiez, cesserai-je moi de te voir et de vivre pour toi! Dis-moi, pourrai-je te quitter sans mourir? L'aveugle a un chien qui le précède, qui le sert, qui sollicite pour lui de l'attitude et du regard la charité des passans, un chien dont il est aimé; et ce qu'il attend d'une brute, vous ne le demanderiez pas au cœur que vous avez choisi! Non, Thérèse, tu n'as pas besoin d'yeux tant qu'Adolphe en aura pour veiller sur toi; et quant à lui, s'il avait besoin d'être vu de toi, de toi seule à jamais, tu le pardonneras aux

vanités de l'amour ; mais là dans
ton cœur, ne le vois-tu pas encore?
— Oh toujours, toujours, dit Thérèse. Oh! je te vois mieux. Je ne
t'ai jamais si bien vu : je vois jusqu'au pli de ton front, jusqu'au
mouvement de ton sourcil, jusqu'à la petite cicatrice de ta lèvre
supérieure et je verrais cela plus
long-temps que les autres femmes:
mais pourquoi te lier à un cada-
vre? Je te fais de la peine, reprit-
elle! Oh! je connais bien mon Adolphe, et je ne renoncerais pas à lui
sur la terre si je ne savais où le retrouver! Mais je le retrouverai un
jour pour ne m'en séparer jamais.
Tu aurais beau faire, continua-t-
elle en passant ses doigts dans mes

cheveux, tu pourras vivre et aimer, c'est dans l'ordre; mais ton
éternité m'appartient toute entière.
J'aurai alors et pour toujours ma
beauté, ma jeunesse, mes yeux. »
En disant cela, elle couvrit de sa
main la place où ils n'étaient plus.
J'avais perdu la force de lui répon-
dre. Je succombais sous le poids
de ma douleur. Il me semblait que
les larmes dont je mouillais sa main
auraient dû parler pour moi; mais
ne pouvait-elle pas les prendre pour
celles de la pitié, d'une pitié ordinaire et commode, comme celle
qu'ont les autres hommes pour
leurs semblables, et qui n'engage
point la vie de celui qui l'éprouve?
Sa main d'ailleurs était si pâle et si

froide! Elle pouvait être insensible
à mes larmes. Je sentais qu'il me
manquait un langage, que les si-
gnes perdus pour ses yeux, l'action de ma main peut-être perdue
pour sa main qui lui répondait à
peine, celle de mes paroles soute-
nue des exclamations vulgaires,
des froids sermens dont les amans
se servent pour tromper, ne par-
viendraient pas sûrement à son
cœur. J'aurais voulu ouvrir le
mien, et que ses yeux un moment,
un seul moment dessillés, eussent
pu s'assurer que je ne la trompais
pas. Oh! je concevais dans cette
idée une inexprimable volupté à
mourir! Dans cette impuissance
de me faire entendre, je déchirais

son drap de mes dents, j'y étouf-
fais mes sanglots, j'y desséchais
mes yeux en les comprimant avec
force pour tarir les pleurs dont ils
étaient inondés. Je désirais de les
perdre ! « Veux-tu, lui dis-je,
veux-tu que je les arrache, ces
yeux qui te déplaisent, et que
nous allions promener ensemble
notre infirmité de ville en ville, à
la merci du ciel et des hommes
compatissans ? Dis, veux-tu
que je sois aveugle, et que je dé-
truise de deux coups de poignard
ce faible et malheureux avantage
que la nature trop injuste me
donne aujourd'hui sur toi? Alors
on dira voilà les deux amans, la
maîtresse qui a perdu les yeux par

la petite vérole, l'amoureux qui s'est
aveuglé pour ressembler à sa maîtresse ; ils s'en vont par le monde
fidèles et heureux, car leur bonheur consiste à s'aimer ; on le dira,
n'en doute pas, et on prendra
soin de notre misère !

— Je te comprends bien, me
répondit-elle. Ce que tu dis là , je
l'ai éprouvé tant de fois dans mon
cœur, avant de penser que je de-
viendrais si malheureuse, et quand
je m'imaginais que ce serait à moi
à protéger, à soutenir, à embellir
ta vie ! Mais ce sont peut-être les
illusions de la jeunesse insensée
pour qui tout l'avenir est dans une
minute d'ivresse et d'égarement.
Tu seras toujours tout pour moi,

quoi qu'il arrive, car mon cœur n'aura jamais le funeste privilége de pouvoir changer. Je t'aimerai toute ma vie comme je t'ai aimé, parce que je te verrai toute ma vie comme je t'ai vu, et qu'aucune impression nouvelle ne pourra plus me parvenir par ces yeux éteints, parce que ma vie se composera toute des souvenirs du passé, et qu'elle n'aura plus de présent. Mais toi, si jeune et si longtemps condamné à être l'unique pensée d'une pauvre fille imparfaite, infirme, défigurée, es-tu bien sûr de ne jamais éprouver de lassitude et de dégoûts? Tu te fâches, continua-t-elle en souriant. Oh! tu es un homme habile, plein d'ex-

périence et de raison, et qui sait
déjà toute la vie, comme s'il y avait
passé plusieurs fois ! Ne tourmen-
tez pas cet amant de dix-sept ans,
de l'idée qu'il n'y a point de sentimens éternels, et que la contrainte
d'une obligation rebutante peut fa-
tiguer à la longue une âme que le
bonheur même aurait ennuyé !
Écoute ! ne me promets pas tant.
Je suis très-exigeante cependant;
j'aime beaucoup, et il est naturel
de beaucoup exiger de ce qu'on
aime. Promets-moi, cet engagement peut se tenir, de me conserver ton amitié toute la vie; promets-moi, quand tu en aimeras
une autre, de ne pas me le dire;
car je veux aimer tout ce que tu

aimeras, et celle-là, je sens que je
ne pourrais pas l'aimer. Consens
encore à me laisser vivre où tu vi-
vras ; et, si je te deviens jamais un
peu à charge, promets-moi de faire
en sorte que je ne le devine pas.
Voilà bien des sacrifices, mais je
les comprends, et je les attends de
toi. Je te dégage d'avance de tout
autre serment. » J'allais parler,
elle chercha ma bouche avec sa
main et la couvrit fortement. Je
me levai désespéré. Je marchai
dans la chambre avec une sorte de
fureur. Je vis qu'elle était inquiète.
Je revins. Je la touchai. « Thérèse, lui dis-je, mettons un terme
à ces débats affreux. Vous dites
des paroles de femme, et vous

tuez votre ami. Savez-vous qu'il n'en coûte pas plus d'en finir? — C'est à l'éternité que tu en appelles? — Eh bien! allons dans l'éternité! et, si ton âme se révolte contre la mort, va, je me charge de tout. Ne frissonne pas ainsi. Dieu ne nous repoussera point. Il y a des actions fortes qui sont au-dessus de la capacité et des jugemens de l'homme, mais que Dieu apprécie, et qui trouvera devant lui la grâce que la méprisable sagesse du vulgaire leur a refusée. Puisque notre existence sur cette terre est perdue, anéantie à jamais, et que tu ne comprends d'autres moyens de l'améliorer que des transactions qui nous humilieraient tous

les deux, c'est un signe que Dieu
est content, et qu'il nous rappelle
à lui. Ne te persuade pas, Thérèse, que sa souveraine bonté
accablerait de tant de maux deux
âmes innocentes qu'il a formées
avec prédilection, s'il ne voulait
nous indiquer que le temps de
nous en retourner est venu. Ne
crains rien, Thérèse! Si je trouve
en moi assez de force pour ce que
je conçois, c'est que cette force
m'est donnée; c'est qu'il était marqué dans les décrets du ciel que
nous mourrions ensemble, et que
je te porterais dans mes bras à notre divin père, avant de prendre
possession de toi pour l'éternité.
—Adolphe,» cria-t-elle d'un son de

voix qui annonçait la terreur : et
elle se releva avec effort, le bras
étendu de mon côté. Je m'appro-
chai pour la soutenir. Elle tremblait. Sa poitrine était gonflée, ha-
letante. Elle s'aperçut que j'étais
près d'elle, et retomba en frisson-
nant. « Fais ce que tu voudras
de ma vie, me dit-elle. Dispose de
ces derniers jours que Dieu m'accorde, si tu le veux; mais ne me
parle plus comme cela. Songe que
je suis malade, et que tu me fais
peur. » Je pensai qu'en effet mon
emportement avait pu aggraver
son mal. « Je te fais peur, Thérèse! Adolphe te fait peur? Ah!
plutôt mourir mille fois que d'in-
quiéter ton cœur de la peine la

plus légère! Que dis-je! plutôt
mourir seul, et te perdre pour jamais! Je ne ferai moi-même que
ce que tu voudras; et si tu te dé-
fies trop de ma constance pour être
heureuse sur la foi de mes promesses, s'il faut l'épreuve de ma
pour te rassurer, je me con-
terai de te suivre, de t'épier de
loin, de tenir mes yeux arrêtés
sur toutes tes démarches, mes
pensées attentives à toutes tes pensées; je ne te fatiguerai pas de l'ob-
stination d'un sentiment auquel tu
n'as pas la force de croire; je ne
t'en parlerai que lorsque tu ne
pourras plus craindre ces illusions
de la jeunesse et des passions qui
t'inspirent tant de défiance. J'at-

tendrai, pour te dire, me voilà, que
le temps et le désespoir aient usé
mes jours et blanchi mes cheveux.
Je reviendrai alors près de toi, dévoué à ton bonheur comme aujourd'hui, et je te prouverai, en
mourant à tes pieds du plaisir de
t'entendre dire encore une fois que
tu m'aimes, que vous vous étiez
cruellement trompée sur mon
cœur ! — Pendant ce temps-là,
je baignai ses mains de mes larmes. Elle ne me repoussait plus.
— Je le veux bien, dit-elle. Je
croirai à tout ce que tu m'as promis. J'y croirai tant que tu le voudras. Si c'est une illusion, elle vaut
la vie toute entière. Je serais bien
folle de la repousser. Oui, je crois

que tu m'aimes, Adolphe, que tu
m'aimes telle que je suis et que tu
m'aimeras toujours. Ne s'est-il pas
trouvé des amans qui n'ont pas
survécu à leur maîtresse? un sentiment qui triomphe de la mort
peut bien résister au malheur. »
Elle engagea ses bras dans les
miens. Elle était tout-à-fait contre
mon sein. Je craignais de l'incom-
moder, parce qu'elle souffrait partout. Je m'éloignai faiblement en
laissant ma bouche assez près de la
sienne pour aspirer son souffle ; et,
comme cette position était difficile
à conserver long-temps sans une
fatigue excessive, j'appuyai le haut
de mon corps sur le lit, et peu
à peu je m'y reposai tout entier

sans qu'elle s'en aperçût. Cette idée me causa un horrible serrement de cœur. J'éprouvais un mélange inexprimable de douleur et d'ivresse à penser que j'étais couché avec Thérèse, avec Thérèse aveugle et mourante; je comparais cela aux félicités que je m'étais promises, et je concevais profondément que la vie de l'homme ne peut pas embrasser toute sa destinée. J'étais sûr qu'il manquait beaucoup à la mienne, mais qu'elle ne finissait pas ici, et que Dieu ne m'avait pas donné seulement pour mon supplice une âme qui désirait le bonheur et qui comprenait l'éternité.

Depuis que je pouvais me rendre compte de mes actions,

je n'avais jamais négligé de prier;
la nuit était déjà tombée. On savait que je veillerais Thérèse ; on
avait apporté la lampe et les re-
mèdes de la nuit. Je voulus me
recueillir pour ma prière, et j'eus
un instant d'inquiétude, parce que
j'étais couché auprès d'une femme : mon cœur battit avec violence, et repoussa cette idée comme
une profanation. O Dieu ! dis-je
en moi-même, vous lisez dans
mon âme, et vous savez si elle
est indigne de vous ! cela me
rendit un calme singulier, et qui
changea en confiance tout l'effroi
que le premier sentiment de cette
apparence de faute m'avait in-
spiré. Je me plaçai plus près de

Thérèse. Ses pieds étaient glacés;
je les réchauffai dans ma main.
Elle dormait d'un sommeil inquiet, et le moindre frémisse-
ment de ses membres ne m'é-
chappait point. J'étais du moins
plus à portée de la secourir. Elle
tournait souvent sa tête avec vi-
vacité, en poussant de petits cris,
en articulant deux ou trois sylla-
bes confuses. Mon bras droit était
engagé sous son cou depuis plusieurs heures. J'y avais senti d'a-
bord un peu de malaise, ensuite
de l'engourdissement, et j'avais
fini par ne rien sentir. C'était un
apprentissage de la mort; et la
mort est si peu de chose! Si elle
avait pu me gagner ainsi tout en-

tier, si j'avais pu cesser d'être,
sans cesser d'être lié pour toujours au corps de Thérèse, le néant
lui-même ne m'aurait pas épou-
vanté à ce prix. Quand je m'a-
perçus qu'elle se réveillait par de-
grés, je m'éloignai doucement
pour qu'elle ne sût pas que j'avais
été si près d'elle, et que son âme
innocente ne s'en alarmât point.
« Est-ce toi, me dit-elle ? — Oui,
lui répondis-je en l'embrassant.
— Est-il jour, reprit-elle? Je ne
m'attendais pas à cette question;
elle me déchira. — Pas tout-à-fait,
lui répliquai-je avec un trouble
dont elle devina le motif. — Je
veux, dit-elle, que tu t'exerces à
soutenir cette idée, et que tu cor-

riges mes erreurs avec autant de
sang-froid que si elles ne te rap-
pelaient pas une époque qui est
passée pour ne plus revenir. Moi-
même, en me réveillant, j'ai failli
céder à cette impression. Je ne te
voyais pas; mais tu me touchais,
c'était toi, bien toi, et j'ai oublié
l'autre pensée comme une chose
étrangère à ma vie. Il y a parmi les
créatures de Dieu beaucoup d'êtres
qui sentent et qui ne voient pas.
Nous ne plaignons cependant pas
leur malheur, parce que nous re-
gardons cela comme naturel à
leur espèce; mais un être privé
de l'avantage de voir, qui verrait
cependant par les yeux d'un être
semblable à lui, d'un être qui

l'aime et qui en a soin, nous juge-
rions qu'il est infiniment favorisé
sur la terre. Qu'importe, en effet,
que je ne voie pas si toi, qui es la
forte et la grande moitié de mon
existence, tu vois pour nous con-
duire et pour nous faire vivre
tous deux? » Je m'apercevais
à cette exaltation de sentimens et
de langage, qu'elle était animée
par la fièvre. J'imprimai mes lèvres sur ses doigts pour lui témoi-
gner que je prenais plaisir à l'entendre, et que ce qu'elle disait
était dans un parfait accord avec
mes pensées. « C'est un étrange
commerce que l'amour, continua-t-elle, un commerce où celui
qui donne le plus est toujours

le plus favorisé: et admire les grâces que la fortune t'a faites! Tu seras tout entre nous deux, et moi je ne serai rien! rien absolument! — Tu te trompes, lui dis-je, en affectant d'entrer pour lui plaire dans les rêves de son imagination, car tu seras toujours la pensée qui nous animera tous deux, et moi je ne serai que le corps qui lui obéit. Cette idée lui sourit beaucoup. — Voilà, dit-elle, qui est digne de ton cœur. Il y aura une âme et un corps; mais l'âme, ce sera encore toi, car je sens que toute la mienne est passée en toi, et que hors de toi je n'en ai plus.... Dieu me le pardonne, mon ami! mais il n'y

a que lui qui puisse nous redon-
ner l'un à l'autre comme nous
étions. Il paraît qu'ici c'était fini,
et qu'il nous gardait, comme tu
disais hier, pour la vie de l'avenir.
J'ai fait là-dessus un rêve étrange
cette nuit. » Elle remarqua que
j'écoutais : elle rit. « Tu n'as pas
beaucoup de confiance aux rêves,
n'est-ce pas ? » Je pressai encore
ses doigts qui étaient croisés dans
les miens. « Imagine-toi, reprit-
elle, que je me suis retrouvée telle
que j'étais quand tu m'as vue pour
la première fois. J'étais conviée à
un beau festin avec Henriette (je
ne lui avais point parlé d'Henriette), et avec nous il y avait
deux officiers. Je me figure que

c'était un repas de noces. L'un
des officiers, c'était toi. Je regardais avec étonnement comme ta
physionomie s'était animée d'une
expression martiale et terrible,
sans perdre cette expression de
douceur pour laquelle je t'ai aimée, car tu avais toujours la tendresse de ton regard, la timidité
de ton sourire, et je me réjouis-
sais d'avoir touché un cœur si
modeste et si fier. L'autre officier,
ce devait être Mondyon. Je le
voyais à peu près comme tu me
l'as dépeint, gai, mutin, boudeur,
emporté, mais digne un peu d'ê-
tre aimé de mon Adolphe. Nous
étions d'une joie folle comme de
pauvres jeunes gens qui se croient

heureux, et qui croient que le
bonheur est une chose durable.
Tout à coup je relevai les yeux
vers Henriette, parce qu'elle chan-
tait. Je fus surprise et épouvan-
tée : elle était si pâle, si malade,
si tristement vêtue : Oh! si tu l'a-
vais vue comme cela ! Saisie de
douleur, je me retournai vers
vous; Mondyon et toi vous aviez
les yeux fixés, immobiles, éteints.
Vous ressembliez à ces images
moulées de plâtre ou de cire, auxquelles il ne manque pour faire illusion que le mouvement de la
vie. Vous ne viviez pas, car tu
ne me regardas point, ou tu n'eus
pas l'air de me voir ; et c'était une
chose hideuse à considérer, parce

que vos têtes ne paraissaient
plus appartenir à votre corps, et
qu'elles ne s'y rattachaient que
par je ne sais quelle ligne sanglante.»

Après m'avoir dit cela, Thérèse
resta extrêmement abattue. Je
cherchais inutilement à dissiper
les idées qui la tourmentaient,
parce que j'en étais poursuivi
moi-même, mais j'essayais de lui
faire croire que j'étais tranquille,
quoique ma voix fût altérée et
tremblante. Enfin le jour était venu; Thérèse avait demandé un
confesseur, et je désirais qu'elle
s'entretînt avec un homme qui
aurait de l'autorité sur son âme,
dans l'espérance qu'il en résulte-

rait pour elle un peu de consola-
tion. Quelque bruit que j'entendis
au dehors m'apprit qu'il était arrivé. J'en avertis Thérèse, j'ouvris,
et je me plaçai auprès de la porte;
le prêtre passa devant moi sans
me regarder. C'était un homme
d'une petite taille et d'une physionomie commune, qui avait tout
au plus trente-six ans ; cependant
ses cheveux étaient déjà rares et
blanchis. Il y avait dans ses traits
une expression singulière et pénible à voir, celle du courage qui
commence à être usé par la douleur, de la patience qui cède sous
le poids des souffrances de tous
les jours, des forces du corps qui
vont manquer au dévouement de

l'âme, et qui ne se soutiennent
encore un moment qu'à la faveur
de cet enthousiasme de la vertu,
ou de ce sentiment de la foi qu'on
appelle aujourd'hui le fanatisme. Il
marchait avec peu d'assurance, et
en s'appuyant contre les ais de la
boiserie, car il était très-fatigué,
très-malade, et il ne paraissait depuis long-temps dans les lieux habi-
tés que pour y porter les secours de
son ministère. Ses habits n'annon-
çaient point le sacerdoce de la religion proscrite. C'était ce mélange de vêtemens divers qui in-
dique un costume étranger à celui
qui le porte, et dont il n'est rede-
vable qu'à la charité. Je passai le
seuil de la chambre, et je m'arrê-

tai au dehors; il ne me parvenait
de l'intérieur qu'un murmure
sourd et confus, mais que j'aimais à entendre, parce qu'il me
prouvait du moins l'existence de
deux personnes. Les autres domestiques s'étaient mis à genoux
avant moi; la grand'mère avait fait
rouler sa chaise longue au milieu
d'eux, et comme elle ne pouvait
s'agenouiller parce que ses jam-
bes étaient faibles et immobiles,
elle se penchait sur ses mains croi-
sées, en implorant l'assistance de
Dieu avec des larmes et des sanglots. Je défaillais; je suivis de la
main le montant de la porte contre lequel j'étais appuyé, et quand
je fus à genoux, je m'y retins for-

tement en y collant mon visage
et en enfonçant mes doigts dans
les inégalités des moulures. J'avais
le sentiment que la pensée de Dieu
s'arrêtait un moment sur la petite
ferme de Sancy, et que mon âme
était en sa présence. J'aurais
voulu faire un vœu; je ne sais
quelle inspiration secrète me disait qu'il ne serait point agréé, et
que ce jour n'était pas un jour de
promesses, mais un jour de sacrifices.

Je ne pus me lever que lorsque le prêtre sortit; il essuyait
une larme.

Après avoir fait quelques pas,
il s'arrêta tout à coup et nomma
Antoinette; je me présentai. « Ma-

demoiselle vous demande, » dit-il
en me regardant fixement d'un
air d'abord triste et austère, mais
qui s'éclaircit peu à peu. Ensuite
il se rapprocha vivement de moi,
pressa ma main entre ses mains,
et me donna sa bénédiction. Tout
le monde le regardait avec étonnement, car j'étais seul à le comprendre. Je crus deviner que la
bénédiction et le serrement de
main de ce saint prêtre n'était
qu'un ajournement à quelque
prochain rendez-vous, dans un
monde où nous étions attendus.
Cette pensée me donna un peu de
force, parce que les apparences
de la mort s'embellissaient pour
moi de tout ce que j'avais perdu,

de tout ce qui me restait à perdre dans la vie. J'entrai à pas posés dans la chambre de Thérèse ; je croyais cependant la trouver éveillée, et je fus étonné de son immobilité. Un petit mouvement de sa tête qui était relevée sur son oreiller, et qui était animée d'un coloris très-vif, quoique les traces de sa maladie n'y parussent plus, me décida à m'approcher davantage. Elle m'appela d'une voix basse ; je me précipitai à genoux auprès d'elle, et je pris sa main qui tombait de son lit pour y appliquer mes lèvres. Elle était extraordinairement froide ; inutilement j'essayais de la réchauffer de mon souffle ; l'ardeur même

de ma bouche ne pouvait y rappeler la vie. Thérèse m'appela encore en essayant d'élever la voix.
« Je suis là, m'écriai-je! ne m'en-
tends-tu pas? » Elle parut éton-
née. « Je t'entends bien, me répondit-elle, mais je ne te sens
point. » Je me levai, je plaçai
mon visage très-près du sien, au
point de l'effleurer de mon ha-
leine. « Comme cela, dit-elle,
je suis plus sûre que tu es auprès
de moi. Tu peux même m'embrasser une fois comme ta sœur et
ton épouse. On me l'a permis
tout à l'heure, et on m'a dit que
Dieu n'était point irrité contre
nos amours depuis que tu es re-
venu. » Je l'embrassai. « A la

bonne heure, reprit-elle, ceci n'est pas un péché; cela ne fait pas le mal du baiser de l'églantine. — O ma Thérèse, lui dis-je, cette fois-là, c'est moi qui étais coupable! — Garde-toi bien de le croire, interrompit-elle vivement, car il n'y a encore que moi qui l'aie racheté. »

Je m'aperçus que sa voix s'embarrassait, que sa poitrine se soulevait et s'abaissait plus fréquemment, que sa respiration devenait courte et douloureuse. « Ne parles pas comme cela, repris-je, tu te fatigues et tu souffres. Je n'ai pas besoin d'entendre tes pensées. A mesure qu'elles se succèdent dans ton cœur, elles par-

viennent au mien. » Elle se
tourna vers moi en souriant ; j'appuyai bien doucement ma tête sur
son épaule, et je collai mes lèvres
à son cou. Elle frémissait contre
moi. « As-tu bien mal, lui de-
mandai-je ? — Au contraire, me
répondit-elle, je me sens mieux. »
Elle frémit encore, et sa tête
tomba tout-à-fait sur la mienne ;
je ne sais pas ce que j'éprouvai ; je
ne me rendis compte de rien.
Seulement je sentis qu'elle saisis-
sait mes cheveux avec ses dents,
et au même moment mon cœur
se glaça et mon sang se figea
dans mes veines. Quand je
revins à moi, j'étais sur mon
lit ; je n'avais de mon existence

qu'une idée purement physique, l'impression d'une douleur vive à la place où un instant auparavant j'avais senti se serrer les dents de Thérèse; j'y portai la main; Mes cheveux avaient été coupés dans cet endroit. Thérèse était morte.

Je n'avais jamais essayé mon courage sur cette supposition. Elle ne s'était pas présentée à mon esprit; je fus étonné de vivre, et plus étonné d'être calme. Je me levai, je pris le mouchoir qui contenait mes habits vendéens; je le mis à mon bras comme quand j'étais arrivé à Sancy, et je marchai d'un pas ferme vers la porte de la maison.

Il fallait passer devant celle de
Thérèse qui la touchait, mais elle
n'était qu'entr'ouverte. Il y avait
tout à l'entour des gens qui pleu-
raient et qui priaient. En dedans
on voyait un peu de lumière. Ma
première pensée fut d'entrer et de
mourir là, mais cet égarement ne
dura qu'une minute. La présence
d'un jeune homme caché pendant
six mois sous des habits de femme
dans la maison de Thérèse, pouvait nuire à sa mémoire, et le
nom de cet homme aurait perdu
la famille de Thérèse, s'il était re-
connu pour un proscrit. D'ailleurs
le suicide auquel je n'avais pas encore pensé, devait être un grand
crime devant Dieu, et ce crime

pouvait m'interdire jusqu'au seul bien dont l'espérance reste au chrétien dans ses malheurs, celui de revoir dans un autre monde les êtres chéris qu'il a perdus. Cette idée me fit tressaillir parce qu'elle se présentait à mon esprit pour la première fois, et que j'avais été près, en cédant à mon premier mouvement, de sacrifier tout mon avenir, et de perdre Thérèse dans l'éternité, pour n'avoir pas eu la force de lui survivre quelques jours dans le temps. Pendant que je faisais ces réflexions, je franchissais la dernière porte de la ferme poursuivi des cris et des gémissemens qui s'élevaient au dedans : « Ah! ma

fille, ma belle Thérèse, ma bien-
aimée, criait la grand'mère, je ne
te verrai donc plus jamais, jamais!... — Et sa voix s'étouffait
dans les sanglots. — Pourquoi jamais! disais-je dans mon cœur?
Ah! moi, je te verrai bientôt, bientôt, je te verrai toujours, toujours!... et cette conviction me
rendait je ne sais quelle force,
parce que toutes mes facultés
étaient absorbées en elle. Mes sens
m'y confirmaient eux-mêmes,
tout enveloppés qu'ils étaient
encore des ténèbres de la vie.
Je suivais des yeux un fantôme
brillant qui m'appelait à sa
suite. J'entendais retentir une
voix forte qui me répétait :

Bientôt, bientôt, toujours, toujours. Et quand je lui demandais si elle ne me trompait pas, elle me répondait à cris multipliés comme une voix en colère. Cela ressemblait à un commencement de délire, et j'invoquais comme le suprême bonheur un délire non interrompu qui me délivrerait sans retour des souvenirs du passé.

Le soleil se couchait; je gravis le sentier de la Croix, et quand je fus au haut de la montagne, il n'y avait plus assez de jour pour que je distinguasse encore la maison, mais ses quatre cheminées blanches se dessinaient dans l'obscurité croissante de la nuit, et pré-

sentaient quelque image d'un monument funèbre. Je me tournai
de ce côté, et je cherchai une
longue suite de bancs de rochers
que j'avais remarqués quelquefois
et qui se projetaient en corniche
saillante sur le précipice. Je me
couchai en cet endroit les yeux
fixés sur le lieu où devait être le
corps de Thérèse, et je priai Dieu
avec une vive abondance de cœur
que je pusse tomber de là dans
mon sommeil. Cependant je ne
pleurai point. Je n'avais pas dor-
mi la nuit précédente; mes sens
cédaient à un accablement invin-
cible; je m'y abandonnai; mais
le sommeil que je goûtai n'était
pas un sommeil de repos. C'était

une succession de pensées tumul-
tueuses et fantastiques, de rêves
pénibles et hideux. Je m'imagine
que, si la providence accorde quelque relâche au supplice des dam-
nés, c'est ainsi qu'ils doivent dor-
mir. Quelquefois je me persuadais qu'on s'était trompé sur les
apparences de la mort de Thérèse, et qu'elle n'était pas effecti-
vement morte, mais qu'elle était
malade et mourante, et pourtant
cela me consolait. Je faisais un
effort pour me réveiller afin de
courir la rejoindre, et à peine j'y
étais parvenu que l'horrible vérité
se ressaisissait de mon cœur. Je
criais, elle est morte, et je retom-
bais dans mon assoupissement à

défaut de forces suffisantes pour
entretenir ma douleur dans toute
sa puissance. Un instant après,
des éclairs effleuraient mes paupières , j'entendais un bruit
comme celui du tonnerre , et je
voyais Thérèse qui s'envolait sur
des ailes enflammées ; mais elle
se détournait de moi, et je me ré-
veillais en l'appelant ; c'est ainsi
que je passai cette nuit. Quand le
soleil fut levé, je m'assis sur le
roc, et je regardai Sancy. Un
peu plus d'une heure après, j'a-
perçus quelque mouvement', et
je crus distinguer trois ou quatre
hommes qui sortaient de la ferme
et qui emportaient quelque chose. Alors je me levai, parce que

je compris que tout était fini; je me dirigeai vers un endroit écarté de la forêt voisine; je m'y dépouillai des habits d'Antoinette; je repris mon uniforme, et je suivis au hasard la première route qui s'offrit à moi. Je marchai plusieurs heures sans rencontrer personne, ou sans exciter d'autre sentiment que la surprise. Enfin, arrivé aux portes d'une ville dont j'ignore le nom, je fus arrêté par des soldats et amené en prison. Huit jours se sont passés depuis. On me juge demain.

FIN.

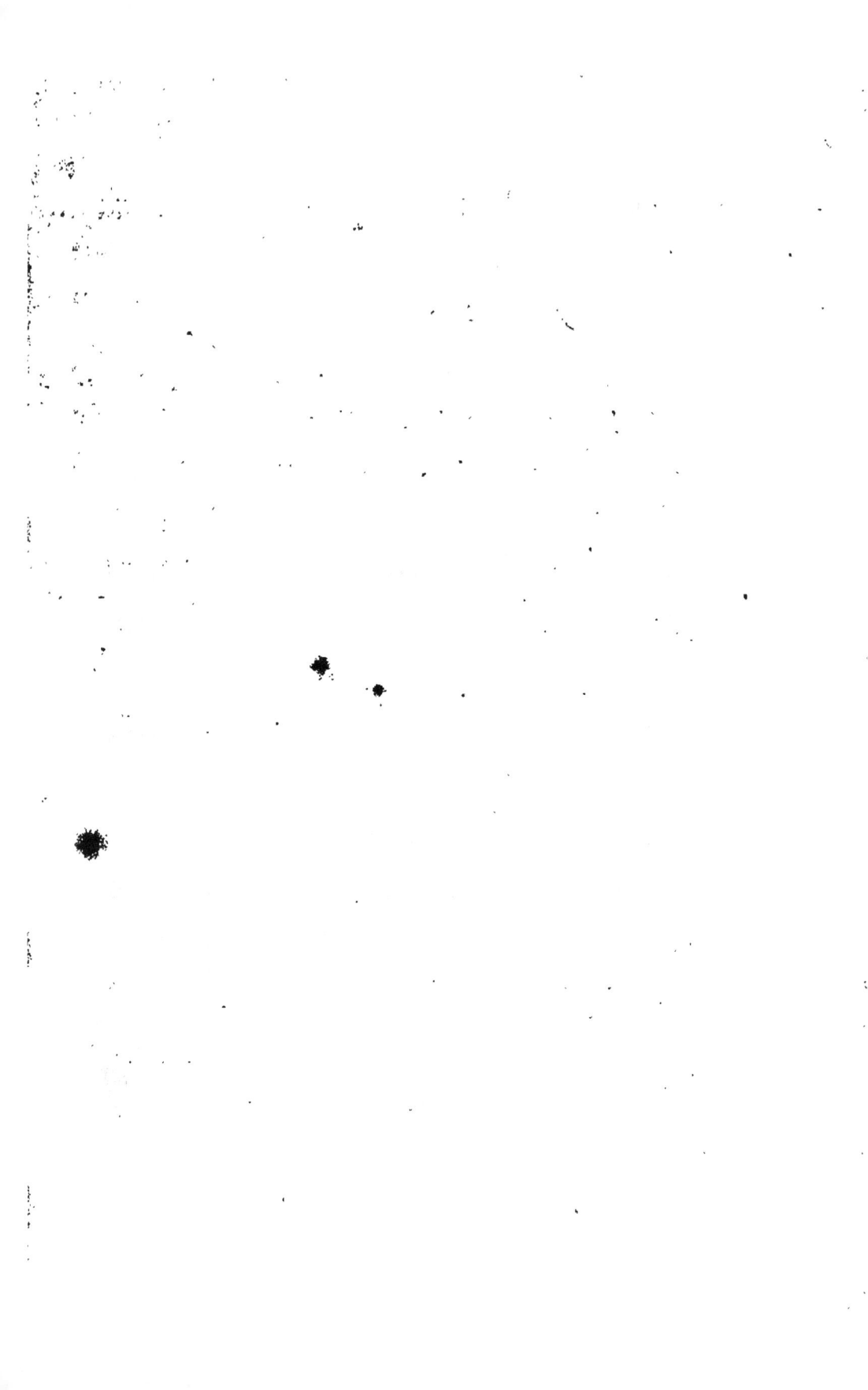

NOTICE

Des ouvrages nouveaux qui se trouvent chez Ladvocat, libraire, éditeur des Fastes de la Gloire, *Palais-Royal galerie de bois, numéros* 197 *et* 198.

Nota. Les demandes doivent être adressées franches de port. Les livres demandés seront envoyés courrier par courrier.

Une Victoire par Jour, almanach militaire dédié aux Braves, par PERROT et LADVOCAT. (Année 1819.)
Pour faire connaître ce Tableau patriotique, voici les cinq premiers jours de l'année :

1 v. Circoncision.—Prise de Valence, 1812. Espagnols.

2 s. St. Basile , év.—Prise de Tortose , 1811. Espagnols.

3 d. Ste. Genevieve.—Prise de Breslaw , 1807. Prussiens.

4 l. St. Rigobert.—Bataille d'Otricoli, 1799. Napolitains.

5 m. St. Siméon.—Bataille de Turckeim. Autrichiens.

Prix : en feuilles , 1 fr. 50 cent; cartonné, avec une bordure élégante, 2 fr. 50 cent. ; par la poste, en feuilles , 1 fr. 60 cent.

Il est peu d'exemples d'un semblable succès ; les deux premières éditions de cet ouvrage ont été épuisées en moins de deux mois. (Journal du commerce du janvier 1819.)

Le champ d'asile, tableau topographique et historique du Texas, contenant des détails sur le sol, le climat et les productions de cette contrée ; des documens authentiques sur l'organisation de la colonie des refugiés français ; des notices sur ses principaux fondateurs ; des extraits de leurs proclamations et autres actes publics : suivi de lettres écrites par des colons à quelques-uns de leurs compatriotes.

2e. Édition augmentée d'une description du Tombechbé (colonie française, connue sous le nom d'*État de Marengo*), et enrichie d'une carte des établissemens fondés dans l'Amérique septentrionale par les refugiés français, dessinée par Ladvocat d'après les matériaux envoyés par un des principaux colons.

Nota. La carte qui orne cet ouvrage est la seule où se trouvent indiqués d'une manière précise le Texas et le Tombechbé.

Cet ouvrage, que l'on doit à M. L. F. L. H. (de l'Ain), l'un des auteurs des Fastes de la Gloire, se vend 4 et 5 fr. par la poste. La carte se vend aussi séparément 1 fr. 50 cent.

Les Soirées de *Momus*, deuxième année (1819). Le bon esprit qui anime ces gais chansonniers assure le succès de ce recueil. Ce chansonnier se distingue de tous les ouvrages de ce genre par un grand nombre de chansons patriotiques qui s'y trouvent, et notamment plusieurs de M. de Béranger.

TABLEAU STATISTIQUE DE LA FRANCE, par Perrot.

Ce tableau, dont l'idée est fort ingénieuse et dont l'exécution est aussi complète qu'on peut le désirer, est très-utile aux commerçans et aux administrateurs. D'un seul coup d'œil le lecteur peut connaître la superficie d'un département en arpens ou en hectares, ses productions en tous genres, sa population , le prix moyen du blé, les rivières qui l'arrosent ; le départ des courriers ; le nombre des communes , des députés avec leur série, les siéges des évêques , cours royales , académies , etc. Prix : 2 fr. 50 cent., 3 fr. dans un étui ; par la poste (en feuilles) 3 fr.

On se fera une juste idée de l'importance et de l'utilité de ce travail lorsqu'on saura que son Exc. le Ministre de l'intérieur en a fait prendre 600 exemplaires pour le compte de son ministère.

Les Fastes de la Gloire, ou *les Braves recommandés à la Postérité*, monument élevé aux défenseurs de la patrie, par une société d'hommes de lettres et de militaires, sous la direction de M. Tissot, professeur de poésie latine au collége de France, l'un des auteurs de la MINERVE FRANÇAISE.

3 Gros volumes in-8. Prix : 18 fr. par souscription.

Perpétuer le souvenir des actions individuelles qui honorent le plus les Français aux yeux de tous les peuples de la terre , tel est le but qu'on s'est proposé en publiant un Recueil qui est le fruit de vingt années de travail et de persévérance. Cette entreprise ne peut manquer de recevoir l'approbation des véritables amis de leur patrie ; et les éditeurs, jaloux de leurs suffrages, osent même se flatter qu'ils voudront bien concourir à sa perfection, ainsi qu'à son succès , en leur faisant parvenir tous les documens qu'ils auraient été à même de recueillir, ou en les instruisant des faits qui leur seraient personnels. *Les Fastes de la Gloire* devant être le complément de l'histoire de nos conquêtes , les Éditeurs accueilleront avec reconnaissance tous les matériaux qui leur seront fournis, et ils apporteront dans leur insertion la plus scrupuleuse exactitude.

Le second volume va paraître ; pour recevoir les trois volumes francs de port, il faut payer 6 fr. en sus de la souscription, en prenant le second volume. Le 3me. vol. se paye d'avance.

Nota. Les renseignemens doivent être adressés francs de port à l'éditeur. On pourra joindre à cet ouvrage une collection de cinquante gravures, représentant des sujets militaires ou belles actions des guerriers français, racontées dans les *Fastes de la Gloire*, dessinées et gravées par les plus habiles artistes de la capitale.

La 1ʳᵉ. livraison, composée de vingt-cinq gravures, paraît; la 2ᵉ. paraîtra fin d'avril.

Le prix pour les souscripteurs aux Fastes, pour les deux livraisons est de . . . . 25 fr.

Pour les non-souscripteurs . . . . 37 fr.

Dictionnaire Historique des Batailles, Siéges et Combats de terre et de mer, qui ont eu lieu pendant la Révolution française; suivi d'une table chronologique au moyen de laquelle on peut rétablir les faits dans leur ordre naturel, et d'une table alphabétique des noms des Militaires et des Marins français et étrangers qui se sont distingués et qui sont cités dans cet ouvrage. Par une société de Militaires et de Marins. 4 gros vol. in-8°. 18 fr., et par la poste 24 fr.

De tous les ouvrages relatifs aux guerres de la Révolution, ce Dictionnaire est, jusqu'à ce moment, *le seul qui soit terminé*, et c'est certainement l'un de ceux qui ont obtenu le plus de succès. L'historique des batailles, siéges et combats de terre et de mer y est donné dans les plus grands détails.

Nouveau Dictionnaire de la Langue française, le plus portatif et le plus complet, ou manuel d'orthographe et de prononciation; par M. Marguery, professeur de belles-lettres.

Cet ouvrage contient : 1°. les mots de la Langue française en plus grand nombre que dans aucun autre vocabulaire, suivant l'orthographe de l'Académie, avec la concordance de celle de Voltaire; 2°. la nouvelle Nomenclature chimique et les termes de sciences et d'arts dé-

rivés des langues anciennes ou étrangères; 3°. la défi-
nition grammaticale de tous les mots de leur signification
tion avec leurs nouvelles acceptions; 4°. la formation
du féminin et du pluriel dans les noms substantifs et
adjectifs; 5°. la conjugaison des verbes; 6°. la prononciation quand elle est irrégulière.

Prix broché, 5 fr. — Relié en basane, 5 fr. 75 cent. —
Broché, par la poste, 6 fr.

Journée du Mont-Saint-Jean ; par Paul. Cette brochure
est une esquisse de la malheureuse campagne de 1815.
Prix, un fr., et un fr. 25 c. par la poste.

Emploi de ma demi-solde, ou budget d'un sous-lieute-
nant en expectative, par un officier du 3e. bataill-
lon de la légion du G . . . .

Ce petit poëme, qui est rempli d'une foule de détails piquans et spirituels, est à la deuxième édition. Prix, 1 fr. ; et par la poste, 1 fr. 25 cent.

L'Ultra, ou la Manie des ténèbres, comédie en un
acte en vers. Prix, 1 fr. ; et 1 fr. 25 cent. par la
poste.

Cette comédie, dont la représentation n'a point été
autorisée par la censure théatrale, se fait remarquer surtout par une peinture vraie des mœurs d'un certain
parti.

Les Trois Messéniennes, ou élégies sur les malheurs de
la France, par M. Casimir de la Vigne.

1re. Messénienne. Sur la bataille de Waterloo.

2e. Messénienne. Sur la dévastation des monumens
français et l'enlèvement des tableaux du Musée.

3e. Messénienne. Sur le besoin de s'unir après le
départ des alliés.

Ces trois élégies dont le succès augmente chaque
jour, se vendent 1 fr. 25 (les trois); et 1 fr. 50 c.
par la poste.

(Nota. Le Journal du Commerce en a parlé avec beaucoup d'éloges.)

Les Partis , esquisse morale et politique , ou Aven-
tures de sir Charles Crédulous à Paris pendant l'hiver 1817 et 1818.
Ouvrage extrait des papiers de M. Frelook , secré-
taire de sa seigneurie ; et publié par M. Malte-Brun ;
1 vol. in-8°. prix, 4 fr ; par la poste , 5 fr.

Description de Longwood , habitation occupée par Na-
poléon Bonaparte à l'île Sainte-Hélène , ornée d'un
plan que le jeune Las-Casás fit pour sa mère.
Ce plan est le même dont Las-Casas parle dans sa
lettre adressée au jeune prince. — Il est indispensable
aux personnes qui ont acheté les mémoires (de Las-
Casas). Prix, 1 fr. 25 ; et 1 fr. 50 par la poste.

Henriade (la) , poëme ; par Voltaire. 1 vol. orné de 4
gravures dessinées par M. Desenne et gravées par
MM. Boquoy et Boviuet. In-18 , pap. fin. 2 fr. 50 c.
  Par la poste.   3 fr.
  In-18, pap. vélin, fig. avant la lettre.   5 fr.

OEuvres de Gilbert. Nouvelle édition , précédée d'une
notice sur sa vie , par M. Charles Nodier. 1 vol. orné
du portrait de Gilbert et de 3 gravures dessinées par
M. Desenne, et gravées par M M. Bein et Delvaux.
  In-18, pap. fin.   2 fr. 50 c.
  In-18 , pap. vélin , fig. avant la lettre.   5 fr.
  Par la poste.   3 fr.

OEuvres complètes de Jean Racine , précédées d'une
Notice sur sa vie. Très-jolie édition , imprimée sur
pap. fin d'Angoulême , et ornée du portrait de l'auteur
et de 12 fig. gravées par le célèbre Girardet , d'après
les dessins de Desenne. 4 vol. in-18.   12 fr.
  Par la poste.   14 fr.

Fables de La Fontaine. Nouvelle édition, ornée de figures dessinées par M. Desenne et gravées pa MM. Baquoy, Bosq, Bovinet, Manceau, Petit et Pi géot. 2 vol. in-18, pap. fin.   5 fr.
    Par la poste.   6 fr.
    In-18, pap. vélin, fig. avant la lettre.   10 fr.

Dialogues des Morts ; par Fontenelle. 1 vol. in-18,
    Papier fin.   2 fr
    Par la poste.   2 fr. 50 c.
    Papier vélin.   4 fr.

Lettres à Émilie sur la Mythologie ; par Demoustier. Très-jolie édition, ornée de 18 fig. dessinées par Desenne et gravées par MM. Muller, Johannot, Leroux, Simonet, etc. 6 vol. in-18, pap. fin. 10 fr.
    Par la poste.   12 fr. 50 c.
    Pap. vélin, fig. avant la lettre, broch.   20 fr.

Histoire de Manon Lescaut et du chevalier des Grieux ; par l'abbé Prevost. Nouvelle et jolie édition, ornée de 4 fig. dessinées par Desenne. 1 vol. in-18, pap. fin.   2 fr. 50 c.
    Pap. vélin, fig. avant la lettre.   5 fr.
    Par la poste.   3 fr.

Considérations sur la Grandeur des Romains et de leur Décadence ; par Montesquieu. 1 vol. in-18, papier fin.   2 fr.
    In-18, pap. vélin.   4 fr.
    Par la poste.   2 fr. 50 c.

Petit Carême de Massillon, évêque de Clermont. Nouvelle édition. 1 vol. in-18, pap. fin.   2 fr.
    In-18, pap. vélin.   4 fr.
    Par la poste.   2 fr. 50 c.

Princesse (la) de Clèves ; par madame de Lafayette. Nouvelle et jolie édition, ornée de 4 fig. dessinées pa

Desenine. 1 vol. in-18 ; pap. fin. 2 fr. 50 c.
  Pap. vélin , fig. avant la lettre. 5 fr.
  Par la poste. 3 fr.

Répertoire général du Théâtre Français (ou Collection
  des Tragédies, Comédies et Drames représentés
  sur le Théâtre Français depuis Rotrou jusqu'à nos
  jours, et qui sont restés à la scène ; avec des Notices
  historiques sur la vie des auteurs et la liste de leurs
  ouvrages dramatiques). Edition de 1813. 51 vol. in-12
  bien imprimés, en caractère petit-romain neuf, bro-
  chés et étiquetés. 80 fr.
    Bien reliés en basane. 120 fr.
    Le même ouvrage, pap. vélin (broché), 200 fr.

OEuvres choisies de Beaumarchais, précédées d'une Notice sur sa vie et ses ouvrages, par M. Ourry. 4 vol.
  in-18, imprimés sur pap. fin d'Angoulême, et ornés
  de 6 fig. et du portrait de l'auteur. 9 fr.
    Pap. vélin , fig. avant la lettre. 18 fr.
    Par la poste. 11 fr.

*On trouve, à la même adresse, toutes les nou-
veautés politiques et littéraires ; et l'on reçoit les
abonnemens aux journaux quotidiens et non
périodiques.*

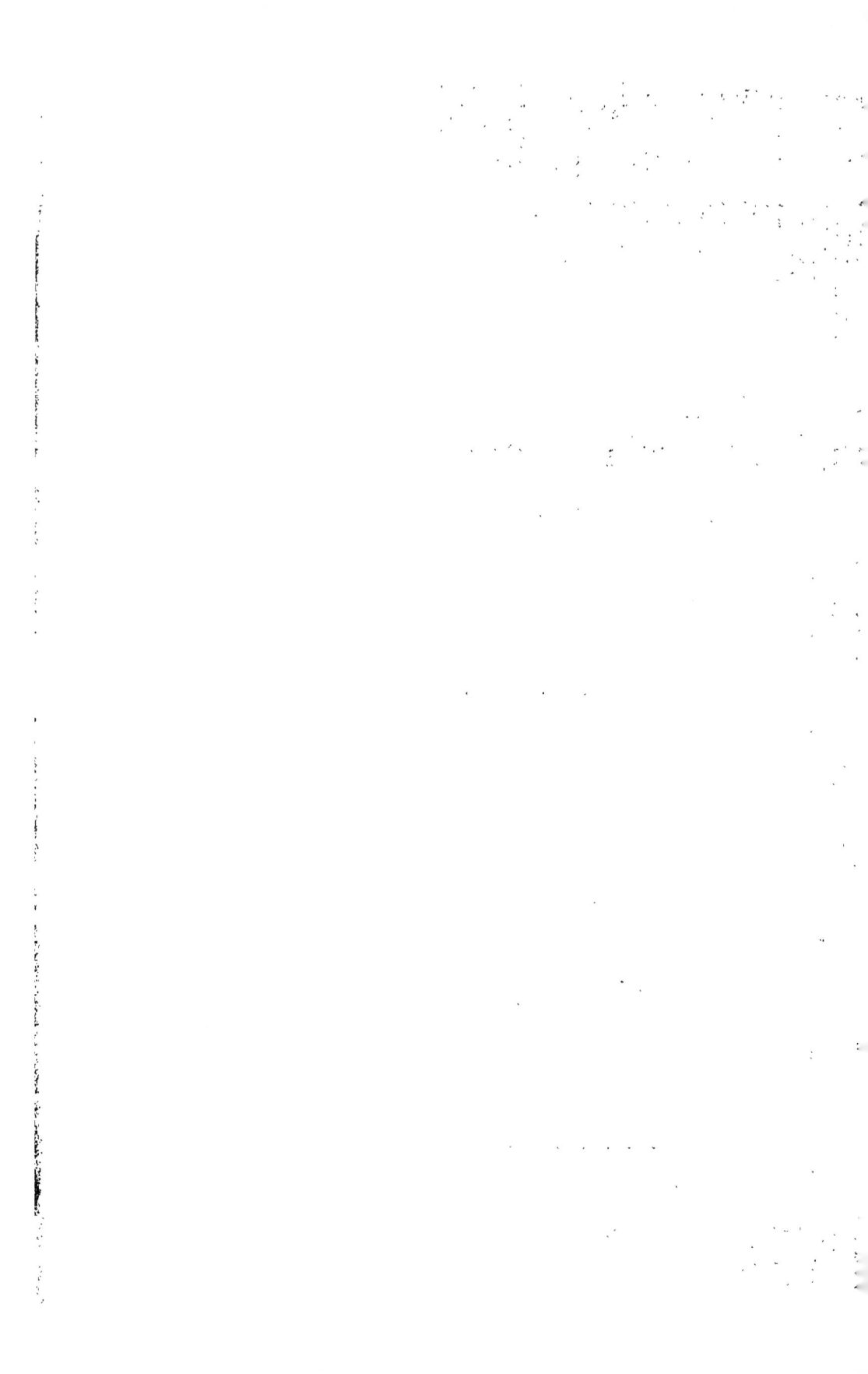

www.ingramcontent.com/pod-product-compliance
Lightning Source LLC
Chambersburg PA
CBHW071117280326
41935CB00010B/1035